Couverture inférieure manquante

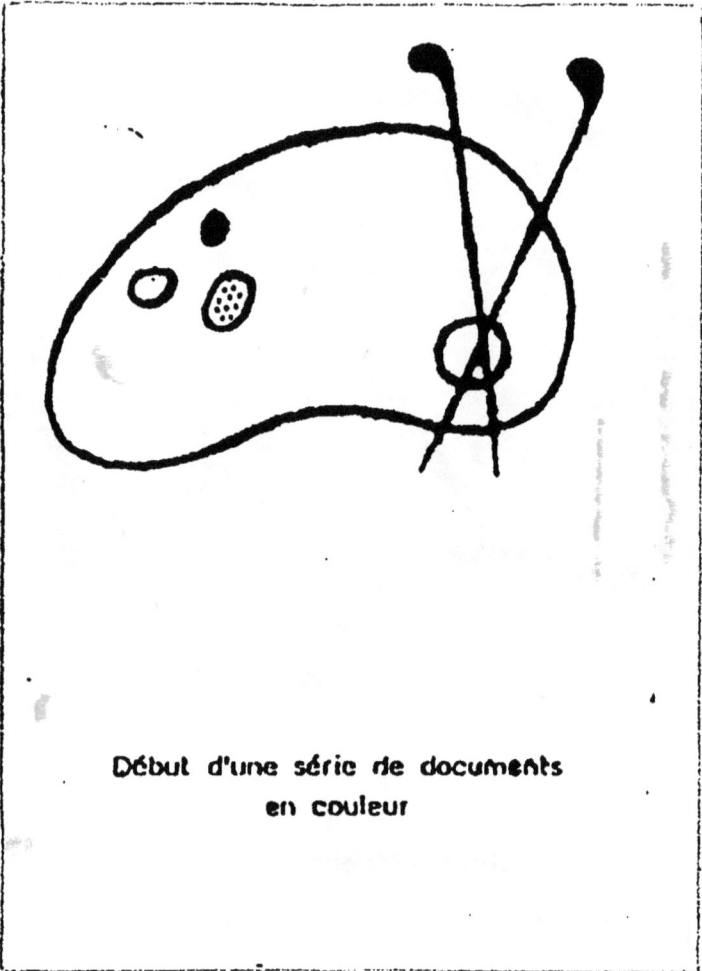

Début d'une série de documents
en couleur

CHRONIQUE RELIGIEUSE

DU

Vieil Aubenas

PAR

A. MAZON

VALENCE

IMPRIMERIE ET LITHOGRAPHIE JULES CÉAS ET FILS

—

1894

CHRONIQUE RELIGIEUSE
DU VIEIL AUBENAS

Extrait du Bulletin d'Histoire ecclésiastique et d'Archéologie religieuse des diocèses de Valence, Gap, Grenoble et Viviers.

CHRONIQUE RELIGIEUSE

DU

Vieil Aubenas

PAR

A. MAZON

VALENCE

IMPRIMERIE ET LITHOGRAPHIE JULES CÉAS ET FILS

—

1894

CHRONIQUE RELIGIEUSE

DU

VIEIL AUBENAS

I

LES ORIGINES D'AUBENAS

La ville d'Aubenas, si l'on ne considère que son emplacement actuel, date seulement du moyen âge, mais on la trouve précédée, à une époque très reculée, par un premier foyer de population, formé dans la petite plaine qui s'étend au-dessous d'elle sur le bord de l'Ardèche, et dont le hameau de St-Pierre-le-Vieux est un des quartiers principaux.

D'après une tradition mentionnée par Delichères, St-Pierre-le-Vieux aurait été une agglomération d'une certaine importance, et comme il n'en reste que peu ou point de traces matérielles, il fait observer que les inondations de l'Ardèche ont pu détruire les vestiges d'antiquité ou les enfouir à une grande profondeur. Il paraît certain, ajoute-t-il, qu'il y avait là une ville, dès le VIe siècle, ce qui, on le verra plus loin, concorde avec les données fournies par nos plus anciens documents religieux. Un vaste coteau, qui en dépendait autrefois, porte le nom de *Ville*, et l'on peut y voir encore les ruines d'une tour destinée à veiller sur ce point important des communications de la région avec le sud-est. On croit que cette tour correspondait avec celle de Viviers par le mont Juliau. Delichères raconte aussi qu'en fouillant près de la chapelle, qui sert d'église, vers la fin du siècle dernier, on déterra « une grande pierre taillée sur laquelle il y avait une inscription en caractères gothiques ; mais le génie des antiquaires de la contrée se morfondit en vaines explications, et aujourd'hui on ignore ce qu'elle est devenue » (1).

Rien n'empêche, d'ailleurs, de supposer qu'il existait en même temps sur le plateau d'Aubenas un fort gaulois ou un camp romain destiné à protéger les habitants de la plaine, comme il en existait sur la colline opposée, de l'autre côté de la rivière d'Ardèche. Les restes de ce dernier, connu sous le nom de camp de Jastres *(castrum)*, sont des plus remarquables, et la muraille qui l'environnait, partout reconnaissable, présente un développement de trois à quatre kilomètres (2). On a trouvé sur ce point de nombreux débris antiques (médailles, monnaies ou débris d'armes), tandis que sur le plateau d'Aubenas, dont le travail successif des générations a beaucoup plus profondément altéré le sol, on n'a jamais découvert, que nous sachions, aucune trace d'occupation romaine. M. de St-Andéol (3) constate que « quelques substructions dans un faubourg et la base d'un mur en petit appareil sont les seuls restes apparents de l'ancienneté d'Aubenas. »

St-Pierre-le-Vieux et le bourg ou *castrum* d'Aubenas existaient-ils avant la destruction d'*Alba Augusta Helviorum* par Chrocus, roi des Vandales, événement dont la date est, d'ailleurs, contestée, les uns le plaçant vers l'an 259, et les autres en 411 (4)? C'est une question qui n'a pas encore été résolue. D'après la version la plus généralement admise jusqu'ici, bien qu'aucun document certain ne la justifie, Aubenas aurait été fondée après la destruction d'Albe, ce qui lui aurait valu le nom d'*Alba nascens*, d'où son nom actuel (5). Mais les celtisants lui donnent une autre étymologie. D'après eux, les radicaux primitifs d'*Albain*, *Alpe*, etc., sont *ar ben*, *ar pen*, le

(1) *Notes manuscrites* de Delichères sur le canton d'Aubenas. Delichères, notaire d'Aubenas, procureur syndic du district du Tanargue pendant la Révolution, puis président du tribunal de Privas, mort en 1820, a publié quelques travaux d'archéologie sur l'Ardèche et laissé divers manuscrits d'un véritable intérêt pour l'histoire du Vivarais.

(2) Voir notre *Voyage le long de la rivière d'Ardèche*, p. 33.

(3) *Aperçu géographique sur le pays des Helviens*, p. 32.

(4) On peut consulter à ce sujet la *Destruction d'Albe*, par M. l'abbé Constant, 1883.

(5) Le nom d'Aubenas a présenté successivement les variations suivantes : *Albenate, Albenatis, Albenacium, Albenacum, Albenas* et *Aubenas*.

mont. L'article *ar* serait devenu *al*, comme dans *Alvernia* pour *Arvernia* (Auvergne). *Arpenaz* (Savoie) a conservé l'ancienne forme de nom, dont *Albenas* ou *Aubenas* est une forme moderne (1). Un de nos érudits compatriotes a expliqué d'une façon analogue l'étymologie du mot *Ardèche*, que l'opinion vulgaire faisait venir du mot *Ardesco*, je brûle, à cause des volcans entre lesquels coule cette rivière dans la première partie de son cours. Selon lui, Ardèche vient du celte *dik*, fumant, qui, pour l'euphonie, devient *tik* s'il prend l'article *an* au lieu de *ar*, d'où *Antik* (ou *Hentica* qui est l'ancien nom de cette rivière) et *Ardik* qui a formé le nom moderne *Ardèche*.

Sortant de ce terrain mouvant, nous trouvons les documents religieux qui, ainsi qu'il fallait s'y attendre, contiennent les plus anciennes données positives sur le sujet que nous voudrions éclaircir. Aubenas et les églises de la région apparaissent, pour la première fois, dans la *Charta Vetus*, c'est-à-dire dans l'ancien pouillé des donations faites à l'église de Viviers, du Ve au VIIe siècles, relevé par l'évêque Thomas II au XIIe. L'original de ce précieux document a été brûlé par les huguenots, mais le texte en a été conservé par le chanoine de Banne (2) et par le P. Columbi, et il est reproduit dans le tome Ier de l'*Histoire du Vivarais* de M. le chanoine Rouchier (3).

Il en résulte qu'à une époque qu'on ne peut préciser, mais certainement antérieure au VIIIe siècle, un personnage du nom de Bellus, « né dans le Viennois, mais nourri dans le Vivarais, qui avait été malade pendant trente ans », bâtit des églises sur la rivière Ardèche (*super Henticam flumen*) en l'honneur de S. Pierre, de S. Paul, de Ste Eulalie et de S. Romain, et les donna à Dieu et à S. Vincent.

Nous retrouvons la première de ces églises à St-Pierre-le-Vieux

(1) Péan, *Revue du Lyonnais*, 1867. — De Coston, *Bulletin d'Archéologie de la Drôme*, 1871, p. 47.

(2) Le chanoine Jacques de Banne, né à La Voulte en 1591, mort vers 1657, a laissé un précieux manuscrit qui comprend deux parties : *Mémoires des antiquités de l'Eglise de Viviers* et *Chronologie des Evêques de Viviers*. On ignore ce qu'est devenu le manuscrit original, mais il en existe une copie très exacte au séminaire de Viviers, et nous en possédons nous-même une autre copie. L'ouvrage du P. Columbi : *De rebus gestis episcoporum Vivariensium* n'est qu'une sorte de résumé des travaux du chanoine de Banne, comme le savant Jésuite le donne clairement à entendre lui-même dans sa préface.

(3) Nous reproduirons également le texte complet de la *Charta Vetus*, avec notes explicatives, dans le t. II de nos *Recherches sur l'origine des Eglises du Vivarais*, qui paraîtra dans le courant de l'année 1893.

et la trace des trois autres dans les hameaux ou quartiers environnants (St-Paul et Ste-Eulalie, en patois *Ooulay*), ainsi que dans la belle fontaine de St-Rome, la même qui a valu à la paroisse voisine le nom de St-Etienne de *Fontbellon*, et il est permis de se demander, d'après cela, si *Fontbellon* ne vient pas plutôt de *Bellus* que de *Bellone*.

Un peu plus loin, la *Charta Vetus* nous montre un autre personnage du nom d'Antherius, *patricius provinciarum*, qui, agissant de concert avec sa femme Sulpicia, fait, sur son patrimoine, de nombreuses donations à S. Vincent, patron de l'église de Viviers ; au nombre de ces donations figurent d'abord le palais qu'il possède à Aubenas *(Albenate)*, sur la rivière d'Ardèche, puis deux églises, l'une de St-Saturnin (aujourd'hui St-Sernin) et l'autre de St-Loup (Mercuer).

Dans le bref d'obédience des chanoines de Viviers, que publient aussi le P. Columbi et M. le chanoine Rouchier, et qui remonte au moins au Xe siècle, le chanoine Grimaldus tient, entre autres bénéfices : à *Fonte-Bellona*, une terre qu'il possède en propre *(curte dominica)*, avec l'église de St-Pierre (St-Pierre-le-Vieux). Voilà probablement l'origine du prieuré d'Aubenas, qui constituera plus tard le principal bénéfice du prévôt de Viviers. D'autre part, le chanoine Effrem tient l'église voisine de St-Privat.

Un siècle après, ce sont les moines de St-Chaffre, descendus des hauteurs du Velay par les trois vallées de l'Ardèche, de Fontaulière et de la Volane, qui, après avoir essaimé tout du long, viennent couvrir de leurs colonies religieuses et agricoles le bassin d'Aubenas. Dès le XIIe siècle, ils sont installés à Ayzac, à Antraigues, à St-Michel de Boulogne, à Mercuer, à St-Julien du Serre, et enfin dans le prieuré d'Ucel, qui fut comme le centre de leur domination spirituelle dans le pays, puisqu'il avait sous sa dépendance les églises de St-Martin de Vals, de St-Privat, de St-Loup de Mercuer, de St-Julien du Serre, outre la chapelle du château d'Ucel et l'oratoire d'Arlis.

Le monastère de St-Chaffre avait la villa *Bruggeria*, dans la vicairie de Fontbellon ; il avait aussi une villa à *Albenatis*, qui faisait alors partie de la vicairie de Vesseaux *(Vessialica)*. Il possédait ainsi toutes les églises des environs d'Aubenas, lequel n'était encore qu'une simple villa, en face d'Ucel beaucoup plus important que lui. — Ce qui s'explique par le fait que le château d'Ucel commandait la voie romaine, encore suivie au moyen âge, qui conduisait de Viviers ou du Teil à *Anicium* (le Puy), en passant par l'Echelette et le pont de la ·Beaume : c'était le grand embranchement des chemins de la contrée, ce que Vogué est aujourd'hui pour les voies ferrées locales, tandis qu'Aubenas restait sur sa colline dans une position excentrique.

II

AUBENAS AU XIIIᵉ SIÈCLE

La ville d'Aubenas apparaît pour la première fois dans l'histoire politique en 1198, à l'occasion des démêlés des évêques de Viviers avec les comtes de Toulouse. La transaction intervenue alors entre l'évêque, le comte Adhémar de Poitiers et Bernard d'Anduze, fut passée à Aubenas sur la place du Trau : c'était la place principale, rétrécie depuis par une file de maisons adossées au rempart, qui était alors de ce côté et qui se trouve maintenant au milieu de la ville : de là le nom de *faubourg* que porte encore aujourd'hui la principale rue d'Aubenas, laquelle a succédé à l'ancien chemin placé sous les remparts.

C'est à Aubenas que le légat du pape, Arnaud de Cîteaux, après avoir décidé la croisade contre Raymond VI, se retira avec son conseil en 1208, comme dans un lieu de sûreté, et c'est là aussi que Raymond vint se justifier vainement devant le légat.

Le P. Columbi (1) rapporte l'hommage que Pons de Montlaur fit à Burnon, évêque de Viviers, le 4 août 1207, pour le château de *Mazrel*. L'acte fut passé *apud Alanac*, et parmi les témoins figurent Bertrand, évêque du Puy, et le légat du pape, Pierre de Castelnau. Il est évident qu'*Alanac* est ici le nom estropié d'*Albenas*. Quant au château de *Mazrel*, il faut y voir la seigneurie de Mayres (commune du canton de Thueytz), qui a toujours fait partie des possessions des Montlaur en Vivarais.

Un autre Pons de Montlaur, dans son testament daté de 1272, lègue aux Frères Prêcheurs d'Aubenas dix sols viennois par semaine

_____

(1) *De rebus gestis episcop. Vivar.*, p. 121. — *Histoire du Languedoc* (n. éd.), t. VI, p. 250.

à perpétuité, tant pour son legs que pour celui de feue sa femme, qui leur avait légué cinq mille sols viennois. Il est à remarquer qu'il fait des legs à dix-neuf couvents de Frères Mineurs ou Cordeliers, parmi lesquels ceux de Largentière, sans mentioner ceux d'Aubenas. On peut remarquer aussi que parmi les églises nombreuses d'Aubenas ou des environs, qu'il nomme dans son testament, figurent celles de St-Etienne de Fontbellon, de N.-D. des Plans et des Antonins, sans que l'église de St-Laurent soit nommée, ce qui semble marquer le peu d'importance qu'elle avait alors. Les églises plus ou moins voisines d'Aubenas, désignées dans cet acte, sont celles de St-Laurent-sous-Coiron, Lussas, la Villedieu, Mercuer, St-Didier, Ste-Croix, St-Pierre-le-Vieux, St-Pierre d'Ucel, St-Julien (du Serre), St-Privat, etc.

Le passage relatif à Ste-Croix est ainsi conçu (1) : *Sancti Desiderii Sancte Curtis (Crucis ?) Sancti Petri Sancti Petri Veteris.* Nous pensons qu'il faut lire après St-Didier : Ste-Croix de St-Pierre, St-Pierre-le-Vieux, etc. L'ancien prieuré de Ste-Croix, que nous verrons plus tard donné au collège des Jésuites d'Aubenas, était formé par des bâtiments appartenant aujourd'hui à la famille Cuchet, près de la fontaine St-Rome, à St-Pierre-le-Vieux.

Pons de Montlaur lègue à toutes ces églises un calice de la valeur de cent sols viennois, sur lequel on devra graver son nom.

Le bourg d'Aubenas devait être assez considérable vers la fin du XIIIe siècle, à en juger par le nombre des maisons religieuses qu'il renfermait à cette époque. Il y avait, en effet, outre le couvent des Frères Prêcheurs, appelés plus tard Dominicains, ceux des Frères Mineurs ou Cordeliers, des Antonins et des Clarisses (ces deux derniers situés *extra muros*), indépendamment d'un hospice de Templiers. C'est vraisemblablement à cette époque, tout au moins après la construction de l'église St-Laurent, désignée sous le nom d'église paroissiale de St-Dominique dans un acte de 1296, que le prévôt de la cathédrale de Viviers transféra à l'intérieur de la ville, c'est-à-dire à St-Laurent, les fonctions qu'il exerçait auparavant à St-Pierre-le-Vieux, par le ministère de neuf prêtres qui étaient qualifiés ses commensaux *(commensales)*.

Les guerres entre seigneurs et les événements de la guerre des

---

(1) Dans le texte qui en a été publié récemment par M. Edouard André, archiviste du département de l'Ardèche.

Albigeois accentuèrent alors la tendance naturelle des populations des campagnes à chercher un abri derrière de bonnes murailles, et de là sans doute l'importance que prit Aubenas à partir de cette époque.

D'après Delichères, saint Dominique aurait fait, vers 1218, un séjour assez long à Aubenas, y aurait prêché et y aurait posé la première pierre d'une église qui, n'ayant été achevée qu'après sa mort, ne lui fut dédiée que momentanément et devint ensuite l'église St-Laurent (aujourd'hui l'église paroissiale). Bien que Delichères donne comme certain le passage de saint Dominique à Aubenas, ce que l'on sait de la vie du saint laisse subsister des doutes à cet égard. Saint Dominique, quand il fonda l'ordre des Frères Prêcheurs, s'était établi dans l'église St-Romain de Toulouse. « Il vint rejoindre ses frères à Toulouse après Pâques de l'an 1217, et les ayant tous assemblés à Prouille, au mois d'août suivant, il envoya plusieurs d'entre eux dans les différentes parties du monde chrétien, où ils fondent divers couvents de leur institut. Il demeura lui-même dans le pays jusqu'à la fin de l'année, qu'il retourna en Italie. Il revint dans la Provence vers le mois d'octobre de l'an 1218, passa de là en Espagne et revint pour la dernière fois à Toulouse l'année suivante. Il se rendit ensuite à Paris, et ayant fait un nouveau voyage en Italie, il y mourut à Bologne de la mort des justes, le 6 août de l'an 1221, après avoir fondé de son vivant un grand nombre de couvents de son ordre, entre autres ceux de Toulouse, de Montpellier et du Puy. On en fonda dans la suite de l'un et de l'autre sexe dans la plupart des villes du pays (1). »

On sait, d'autre part, que, lors de son retour de Paris en Italie, en 1219, saint Dominique passa par Châtillon-sur-Seine, *Lyon* et *Avignon*. Il ne serait donc pas impossible qu'il se fût arrêté à Aubenas, et la coïncidence de la date donnée par la tradition locale (vers 1218) avec le voyage en question du saint, est, dans tous les cas, assez remarquable pour que la question soit l'objet d'un mûr examen. Quant à la fondation du couvent des Frères Prêcheurs d'Aubenas, elle n'eut lieu qu'en 1266.

Delichères suppose que les terres d'Aubenas, de Mayres, d'Ucel et de St-Laurent-sous-Coiron furent confisquées aux hérétiques du temps et passèrent ainsi au pouvoir des seigneurs de Montlaur,

(1) *Histoire du Languedoc* (n. éd.), t. VI, p. 469.

alliés des vicomtes de Polignac et des seigneurs de Rodez. D'autre part, nous lisons dans l'ouvrage de Jean de Réchac le passage suivant :

« Quelques-uns tiennent que le Marquis de Mont-lort s'étant fait catholique par les remontrances de saint Dominique, et le même saint lui ayant obtenu du comte de Mont-fort, le château d'Aubenaz et autres places, il se témoigna fort reconnaissant de cette double faveur reçüe par saint Dominique. Sa gratitude passant à ses héritiers, ils nous fondèrent en la ville susdite un couvent, qui était autrefois de cinquante religieux : il fut accepté par le chapitre provincial qui se tint à Limoges le jour de la Nativité de la Vierge l'an mil deux cent soixante six, et on y établit pour premier prieur frère Guillaume Vital avec dix-sept autres religieux assignés, qui sont nommés dans les anciens registres de Bernard Guidonis : les hérétiques le ruinèrent l'an mil cinq cent septante trois, en même temps quasi qu'ils se saisirent de la Rochelle, de Montauban, de Millau et de Nîmes. Il se répare maintenant, et l'église est dédiée à Notre-Dame du Rozaire (1). »

Ces deux versions paraissent se compléter. Les plus anciennes traditions de l'Eglise de N.-D. du Puy déclarent formellement que le comte de Toulouse tenait le château d'Aubenas de cette Eglise, laquelle ne tenait le fief de personne. Il est assez vraisemblable que, le comte de Toulouse ayant été privé de ses possessions en Vivarais, à la suite de la guerre des Albigeois, Simon de Montfort soit intervenu, probablement avec le consentement de l'évêque du Puy, pour faire attribuer cet arrière-fief à la maison de Montlaur, jusque-là plus vellave que vivaroise. Cela expliquerait l'empressement que mit Héracle de Montlaur, dès 1248, à rétablir les habitants de sa nouvelle possession dans leurs anciens droits, dont les avaient dépouillés les guerres civiles. Un de ces droits anciens et bien remarquable est de ne pouvoir être jugés en matière criminelle qu'avec le concours de leurs pairs ou jurés, usage que consacra également saint Louis en faveur des habitants de Beaucaire et de Nîmes par ses ordonnances de juillet et août 1254. On y voit encore une administration municipale composée de deux syndics et d'un conseil de notables, un commerce et un marché florissants, qu'aidait puissamment un établissement de Juifs. Ces privilèges et libertés ont été renouvelés par les

(1) *Vies des Saints de l'ordre de St-Dominique*, par Jean de RÉCHAC, dit de Ste-Marie, 1647.

successeurs d'Héracle à diverses époques, et en dernier lieu en 1489 (1).

Les droits suzerains de l'évêque du Puy sur les châteaux d'Aubenas, de St-Laurent-sous-Coiron et d'Ucel furent reconnus par saint Louis, lorsque le comté de Toulouse passa à son frère Alphonse. Par des lettres datées d'avril 1230, le roi déclare « qu'il veut que son frère Alphonse, lorsqu'il sera parvenu à un âge légitime, ou *celui qui sera comte de Toulouse*, rende hommage à l'évêque du Puy et à ses successeurs pour les châteaux d'Aubenas, de St-Laurent et d'Ussel, dans le diocèse de Viviers, qui étaient de la mouvance de ce prélat et que les prédécesseurs de son cher et féal Raymond, comte de Toulouse, avaient tenus du même évêque, *comme ce même comte l'a confessé devant nous* », termes d'où l'on peut inférer que Raymond avait fait alors un voyage à la cour. Etienne de Chalancon, évêque du Puy, déclara en même temps que lui et ses successeurs étaient tenus de recevoir cet hommage d'Alphonse, frère du roi, *qui aura pour femme la fille de Raymond, comte de Toulouse,* quand il sera parvenu à un âge compétent, ou de celui qui sera comte de Toulouse (2).

Le recueil des hommages de l'évêché du Puy (3) nous montre les Montlaur rendant hommage à l'évêque du Puy, à chaque changement d'évêque ou de seigneur, non seulement pour les châteaux d'Aubenas, St-Laurent et « Ucel en Vals », mais encore pour beaucoup d'autres fiefs, parmi lesquels « la tour et pont que tiennent les seigneurs Pons de Vals et Pierre de Vals », Meyras, Chazeaux, la maison et tour du pont d'Aubenas, enfin le chemin public du Puy en Vivarais par la Sauvetat et la Souche. Le premier de ces hommages est de 1274.

La tour du pont d'Aubenas, dont il est ici question, était considérée comme un fort des plus importants, parce qu'il commandait le passage de la vallée de l'Ardèche. Un historien du temps, cité par Delichères, nous apprend qu'elle « était percée en rond à seize carrés

(1) Nous tenons de M. Leyronnas, expert à Aubenas, la seule copie connue des *Libertés et franchises d'Aubenas,* données par Héracle de Montlaur en 1248 et augmentées et confirmées par ses successeurs en 1276, 1285, 1433 et 1434 (texte latin avec la traduction française). L'écriture est du XVIIᵉ siècle. La traduction française a été publiée par M. Henri Vaschalde en 1877.

(2) *Histoire du Languedoc* (n. éd.), t. VI, p. 660.

(3) Publié par M. Lascombe, bibliothécaire de la ville du Puy. Le Puy, 1882.

et en pointes de diamant. Elle tomba, le 4 septembre 1532, à la suite d'une grande inondation de l'Ardèche qui la sousmina et qui emporta en même temps la plus grande partie du pont auquel elle tenait. » Le pont lui-même était considéré « comme l'un des plus beaux depuis Lyon jusqu'à Aiguemortes. »

Un prix-fait fut donné pour la reconstruction du pont d'Aubenas en 1533 ; mais cette reconstruction eut lieu en bois et à chaque grosse crue les communications furent de nouveau interrompues. Un autre prix-fait fut donné en 1583 pour faire le *plancher* du pont, au prix de 20 écus d'or sol ; mais la reconstruction en pierres n'eut lieu qu'en 1603. Il y avait au XIIIᵉ siècle une *Œuvre du pont d'Aubenas*, puisqu'on voit Pons de Montlaur lui léguer, en 1272, une somme de cinquante livres viennoises.

Sur une feuille volante, dont la provenance s'est perdue dans nos souvenirs, nous trouvons une note portant que Chrocus, allant saccager l'Albe des Helviens, passa *prope pontem Albenaci*. Si le fait a été puisé dans une vieille chronique, on peut supposer qu'il existait alors un pont sur l'Ardèche près d'Aubenas, et l'on aurait effectivement, paraît-il, trouvé vis-à-vis de la tour de Ville, les vestiges d'un très vieux pont en pierres, desservant la voie romaine qui se détachait vers St-Privat de la voie directe d'Albe au Puy. Si, d'autre part, comme il semblerait résulter du texte, l'armée de Chrocus ne l'utilisa pas pour son passage, la chose n'a rien d'étonnant si l'on songe à la facilité avec laquelle tout le monde peut passer l'Ardèche à pied sec à certaines époques de l'année.

III

TRANSACTIONS DES CLARISSES ET DE LA COMMUNAUTÉ D'AUBENAS

AVEC LE PRÉVÔT DE VIVIERS, PRIEUR D'AUBENAS.

Le premier acte connu sur le prieuré d'Aubenas est de 1296 : c'est une transaction passée à Viviers, le 1ᵉʳ février, entre le prévôt de Viviers, messire Guillaume de Montlaur, et religieuse dame Vierne de Baladun (1), abbesse des Clarisses (appelées alors *Minoretæ*)

(1) On vient d'élever au Bourg-St-Andéol une statue à dame Vierne de Baladun (Balazuc), qui fit au XIIIᵉ siècle d'importantes donations de terres aux com-

d'Aubenas, au sujet d'un oratoire que ces religieuses voulaient construire, ce que le prévôt considérait comme préjudiciable aux églises d'Aubenas appartenant à la prévôté. Les arbitres choisis furent messire Guillaume de Pauliac, official de Viviers, et s^r André Coqui, de l'ordre des FF. Mineurs.

Les arbitres décidèrent :

Que les Sœurs *Minoretæ* auraient un monastère ou oratoire et *conventorium* à Aubenas, à l'endroit où elles avaient commencé de le construire ;

Que si les Sœurs, changeant de résolution, se transportaient ailleurs, hors du mandement du château d'Aubenas, leur monastère ou tout ce qui en aurait été construit, et ses dépendances, seraient appliqués aux églises paroissiales d'Aubenas ;

Que celles-ci auraient le tiers des oblations de toute nature faites à l'église ou oratoire des Sœurs, ainsi que des émoluments funéraires, et le quart de tous les legs faits par les paroissiens d'Aubenas, à raison de leur sépulture dans l'église des Sœurs ;

Que les églises d'Aubenas percevraient la dîme sur toutes les récoltes des Sœurs, comme sur celles de tous les habitants d'Aubenas, en exceptant toutefois l'entourage immédiat de leur maison ;

Que les Sœurs auraient une cloche seulement à leur oratoire ;

Qu'elles ne pourraient avoir qu'un autel à leur oratoire et un autre dans le chœur ;

Que l'abbesse ou prieure devrait, à chaque changement de prévôt ou d'abbesse, prêter serment entre les mains du prévôt ou de son représentant, et recommander à ses Sœurs, en vertu de la sainte obédience, de respecter les droits des églises d'Aubenas ;

Que les Sœurs seraient tenues de se soumettre aux prohibitions édictées pour l'intérieur de la ville d'Aubenas ;

munautés du Bourg et de St-Marcel d'Ardèche. Dans notre *Voyage au Bourg-St-Andéol*, nous avons donné le texte de deux de ces donations, qui remontent à 1221 et 1228. Dans le *Voyage le long de la rivière d'Ardèche* (p. 240), nous avons résumé tout ce qu'on savait alors sur la donatrice. Depuis lors, les personnalités de ce nom se sont multipliées. En parcourant l'*Inventaire de la commanderie de Jalès* qui se trouve aux archives des Bouches-du-Rhône, nous avons trouvé à la date de 1215 deux dames Vierne de Baladun veuves, la première de Guillaume, seigneur de Balasun, et la seconde de Pierre de Balasun. Une charte de 1258 nous a fait connaître la vente de la coseigneurie de Vinezac par une autre dame Vierne de Baladun et son fils Guillaume. Celle-ci était déjà veuve remariée à cette date, et l'on peut douter par conséquent de son identité avec son homonyme, l'abbesse des Clarisses d'Aubenas en 1296.

Que le prêtre séculier, desservant l'église des Sœurs, devait, dans la quinzaine de sa nomination, promettre, par serment prêté entre les mains du chapelain curé de St-Dominique, de notifier chaque jour audit chapelain la quote-part des recettes revenant à ladite église paroissiale ;

Qu'il n'y aurait de convers ou donat au couvent des Sœurs que ceux qui en auraient pris l'habit ou qui se seraient donnés, eux et leurs biens, au couvent, à moins qu'il ne s'agît d'infirmes ;

Que chaque abbesse ou supérieure serait tenue, dans le mois de sa nomination, de venir, à réquisition, prêter serment entre les mains du prévôt ou de son représentant ;

Que le prévôt et dame Vierne feraient ratifier la présente transaction, le prévôt par le chapitre de Viviers, et dame Vierne par le ministre provincial de son ordre, d'ici à l'octave de la Pentecôte.

Deux jours après (3 février), à Aubenas, l'official co-arbitre ajoutait à ces prescriptions que les Sœurs ne pourraient pas s'étendre du côté de la ville d'Aubenas, au-delà de la rue par laquelle on va à la Chèvrerie *(Capraria)* vers la longue ville, et jusqu'au *cantherium* de la maison de Guillaume de Ledra.

Le lendemain avait lieu le serment des Sœurs, dont voici les noms : Marquise de Mirabel, Catherine de Vogué, Marie de Sampzon, Marguerite Eyraud, Guigone Bona, Vierne de Pont, Marguerite de Pont, Raymonde Ayraud et Romaine Fulgose.

La transaction fut ratifiée par le chapitre de Viviers (dont tous les membres sont nommés dans l'acte) le lendemain de la fête de la Pentecôte.

Il résulte d'une sentence arbitrale de 1289, rendue par Guillaume, archevêque de Vienne, statuant sur les propriétés particulières contestées entre l'évêque de Viviers, le chapitre et l'université des prêtres de Viviers, que les églises de St-Etienne de Fontbellon, de N.-D. des Plans, de St-Dominique et de St-Pierre d'Aubenas appartenaient au prévôt et à la prévôté de Viviers.

A la date de 1308 (13 novembre) intervient une transaction entre le prévôt de Viviers, Guillaume de Pauliac, et les représentants de la ville d'Aubenas, reçue par Hugon Ducrouset, notaire, en présence de nobles Raymond de Vogué et Guillaume de Chassiers, chevaliers. Le désaccord et procès portaient sur les points suivants:

Le prévôt disait que, comme prévôt de l'église de Viviers, les églises de N.-D. des Plans et de St-Etienne de Fontbellon, sises dans le mandement du château d'Aubenas, et les chapelles de St-Pierre (le Vieux) et de St-Dominique d'Aubenas, comme annexes de la prévôté, lui appartenaient, et que tous les paroissiens de ces églises et autres ayant des fonds dans le ressort de ces églises lui devaient la dîme, qu'on avait cessé de lui payer à lui et à ses prédécesseurs.

Les syndics et procureurs d'Aubenas contredisaient ces assertions et niaient les obligations alléguées.

Enfin, les deux parties, voulant éviter l'issue incertaine d'un procès, avaient élu des négociateurs et arbitres définitifs, savoir : Louis, évêque de Viviers ; noble et puissant homme Guy de Montlaur, seigneur d'Aubenas ; vénérable homme messire Durand Maurice, docteur ès-décrets, prieur de Charay ; vénérable et discret homme messire Arnaud Arnaudi de Valriaco ; messires et discrets hommes Jean de Bosvieil et Pierre Maurel, d'Aubenas.

Ceux-ci décidèrent que toutes les personnes de l'un et de l'autre sexe, ayant des fonds dans le *castrum* d'Aubenas et son mandement, dans le ressort toutefois des paroisses de Notre-Dame des Plans et de St-Etienne de Fontbellon, de quelque condition qu'elles fussent, devaient payer perpétuellement, ainsi que les cultivateurs de fonds dans le même castrum et mandement, la 10e partie des blés et légumes, en déduisant cependant les frais qu'on a l'habitude de déduire, c'est-à-dire les frais modérés résultant de la moisson et du battage des grains.

Ils décidèrent encore que les personnes ayant des vignes et autaignes *(authana)* (1) dans le ressort desdites églises, payeraient audit prévôt la 30e partie seulement de tous les raisins ou de la vendange. « Ces payements doivent s'effectuer à chaque porte ou portal du castrum d'Aubenas, et aux autres lieux par lesquels sont introduits les raisins, quelle que soit la personne, lettrée ou illettrée, qui les reçoive au nom du prévôt. Et s'il arrive que le prévôt, dans la région située sous le château ou dans les environs, ne puisse pas faire transporter commodément la dîme, c'est à l'église de N.-D. des Plans que les personnes ayant des vignes de ce côté devront apporter le 30e sans aucun frais. De même pour les possesseurs de vignes dans les limites de la paroisse de N.-D. de Fontbellon : c'est à St-Etienne, au lieu marqué par le prévôt, qu'on devra apporter ce 30e. »

_____

(1) Les *autaignes* paraissent être les vignes en espaliers.

Pendant les deux siècles qui suivent cette transaction, Aubenas continue d'être divisé entre les deux paroisses de St-Etienne de Fontbellon et N.-D. des Plans, l'église actuelle de St-Laurent paraissant toujours n'être qu'une simple annexe de St-Etienne. Il n'y a qu'un curé unique pour St-Etienne et pour St-Laurent. Ces faits résultent d'une foule d'actes de notaires et d'autres documents. Nous pourrions en citer un très grand nombre ; nous nous bornerons à ceux qui nous paraissent le mieux reproduire la physionomie des mœurs du temps, en même temps qu'ils marquent la situation respective des deux grandes paroisses du vieil Aubenas.

IV

DU XIVe SIÈCLE, JUSQU'AUX GUERRES RELIGIEUSES DU XVIe SIÈCLE

En 1367, le curé de St-Etienne de Fontbellon et de St-Laurent est Michel de Grange, que nous voyons, le 3 décembre de cette année, donner quittance aux héritiers du médecin Jean des Chapelles, au sujet de divers legs faits par celui-ci au clergé d'Aubenas.

Le 18 juillet de l'année suivante, une quittance du même genre est délivrée à un nommé Vianès par ce même de Grange et par Vital Mouton, curé de Notre-Dame des Plans, et Rigaud, vicaire de la même église, tant en leur nom qu'au nom des autres prêtres d'Aubenas que cela intéresse ou pourra intéresser (1).

La même année, un Gamon Gosin, de Charansas (St-Etienne de Boulogne) fait entre autres legs, celui de 20 sols pour se rédimer d'un pèlerinage qu'il avait promis à St-Jacques de Compostelle.

Il nous faut rappeler, à la date de 1379, la convention passée entre le couvent des Frères Mineurs et la communauté d'Aubenas, pour la construction d'une « tour haute et grosse dans le mur de cloture en face du couvent, c'est-à-dire dans l'angle où était d'habitude la grande chambre du cardinal Pasteur. » Cette construction avait été jugée nécessaire pour la défense de la ville, « en prévision d'une attaque des Anglais qui sont en nombre dans le Gévaudan et le Va-

_____
(1) Registres de Monestier, notaire.

lentinois, et surtout de Pierre de Galard, qui occupe le lieu de Châteauneuf-Randon et qu'on craint de voir arriver d'un jour à l'autre dans le pays (1). » C'est ce Galard qui vint déposer les clefs de Châteauneuf-Randon sur le cercueil de Duguesclin.

En 1385, on trouve une procuration donnée par « les neuf prêtres commensaux de la table du prévôt prieur d'Aubenas. » Cette mention revient fréquemment et à diverses époques dans les legs pour messes.

Le curé de St-Etienne de Fontbellon en 1377 s'appelle Lacoste, et, en 1395 Etienne Rochier. Celui-ci l'était encore en 1429. Il est appelé tantôt curé de St-Etienne de Fontbellon et tantôt curé d'Aubenas.

Pons de Montlaur, baron de Montlaur et de Sabran ordonne, dans son testament (6 mai 1393), que l'on construise une chapelle dans l'église des Chartreux de Bonnefoi qui sera appelée chapelle de Montlaur; elle sera munie d'un calice d'argent et d'ornements sacerdotaux et on y dira tous les jours une messe des morts; il lègue pour cette fondation 15 livres par an ou 300 livres en principal (2). Ce Pons est sans doute le même qui alla se faire tuer par les Turcs en Hongrie. Son père Guy de Montlaur avait disposé de ses biens en sa faveur en 1392 pour entrer dans l'ordre des Frères-Prêcheurs (3).

Le 25 janvier 1402, Catherine Amellerie, d'Aubenas, donne à l'œuvre du clocher, et à Pons Chapel, prêtre, fabricien (*operarius*) dudit clocher, tout ce que lui doit Archier, prieur de Meyras, tant pour reliquat de salaire des deux années qu'elle a servi au prieuré de Vesseaux qu'autrement (4).

Un autre acte de 1405, mentionne un achat de métal et d'étain fin pour l'œuvre des cloches (*ad opus cymbalorum*) de l'église Saint-Laurent.

Dans le testament d'un riche bourgeois d'Aubenas, Jacques Coqui, dont la famille fut postérieurement anoblie, nous remarquons les dispositions suivantes (17 novembre 1405):

Coqui veut être enterré dans l'église des Frères de Saint-Antoine. Tous les prêtres séculiers d'Aubenas seront invités à ses funérailles, et on donnera à chacun 6 deniers. Il veut que les FF. Prêcheurs *associent* son corps par la ville et assistent à ses funérailles, et on

(1) *Essai historique sur le Vivarais pendant la guerre de Cent ans*, p. 150.
(2) Registres de Stevenin, notaire.
(3) Généalogie des barons de Montlaur.
(4) Registres de Geneis, notaire.

leur donnera 4 sols tournois entre tous. De même pour les FF. Mineurs. En cas de refus, on ne leur donnerait rien. Il lègue aux FF. de St-Antoine pour son lit funéraire 3 sols tournois ; s'ils n'acceptaient pas, il révoque cette donation et veut être enterré à Saint-Laurent. Il lègue ses offrandes de pain, de vin, de cire et de luminaire pour un an, comme c'est l'usage à Aubenas. Il lègue à Etienne Rochier, curé de St-Etienne de Fontbellon, 15 deniers. Il veut que 100 messes soient célébrées pour son âme et pour celles de sa famille à l'église St-Antoine, et on donnera pour cela 40 s. t. De même chez les FF. Prêcheurs, chez les FF. Mineurs et aussi à l'église St-Laurent. Pour le payement de ces 400 messes, il hypothèque un pré et une béalière (*riperiam*) à St-Pierre le Vieux. Il lègue à la Chartreuse de Bonnefoi ledit pré et ladite béalière, à condition qu'on y célébrera pour lui 400 messes et qu'on payera les 400 autres à célébrer à Aubenas. Si Bonnefoi n'accepte pas, il révoque la donation. Il institue héritière universelle sa fille chérie Lelia, etc. (1).

Dans un codicille du 28 décembre, il révoque tout ce qui concerne Bonnefoi et lègue les 100 messes à chacune des quatres églises, en spécifiant que chaque messe sera payée 6 deniers.

Dans le testament de Jacques Audebert, d'Aubenas (20 octobre 1410), nous relevons les legs suivants : une tasse d'huile à chacun des luminaires de St-Etienne de Fontbellon, de St-Laurent et de N.-D des Plans ; 6 deniers au reclus de St-Etienne et 6 à la recluse de N.-D des Plans (2) ; 200 messes à célébrer à l'église des FF. Prêcheurs, 25 chez les FF. Mineurs et 25 à St-Antoine.

Pierre Delorme, qui fait son testament trois jours après, et qui était sans doute de la paroisse de N.-D. des Plans, déclare qu'il veut être enterré dans cette église. Il laisse de l'argent pour 200 messes, dont 100 devront être célébrées à N.-D. des Plans, 50 chez les FF. Prêcheurs, 25 chez les FF. Mineurs et 25 à St-Antoine. Il lègue de plus, 2 sols 6 deniers à Antoine Gautier, curé de N.-D. des Plans.

En 1418, le notaire Bessières passe deux actes relatifs à la prévôté de Viviers. Le fermier de la prévôté à Aubenas était un boucher

---

(1) Registres de Monestier, notaire.

(2) CATEL, dans ses *Mémoires pour l'histoire du Languedoc*, dit qu'il y avait des reclus ou des recluses à toutes les portes de Toulouse. Il y en avait aussi en Vivarais, car outre le reclus et la recluse d'Aubenas mentionnés ici, il y a un quartier du Reclus à la porte de Largentière, et un quartier de la Recluse à Privas, dont les noms indiquent assez l'ancienne destination.

nommé Pons Benoît. Ce Benoît, apprenant que vénérable et circonspect homme, messire Martin André, official, visite, sur l'ordre de l'évêque, les églises d'Aubenas annexées aux bénéfices de la prévôté, se présente à lui et offre de se charger de sa nourriture, selon l'usage, soit dans la maison de la prévôté, soit dans l'auberge de la Couronne où il est logé, aimant mieux lui fournir ainsi en nature que donner de l'argent. André répond qu'il ne visite pas les églises par la voie ordinaire de l'évêque de Viviers, mais par l'autorité apostolique et en vertu d'un indult accordé à l'évêque par le Souverain Pontife, et que par suite on n'est pas tenu de lui fournir des vivres à raison de cette visite.

L'autre acte nous montre comment tout prévôt nouveau était installé dans son prieuré d'Aubenas, Le 7 septembre, le chanoine Louis de Sampzon vient, au nom de messire Pierre, prêtre, chanoine et prévôt de Viviers, prendre possession des églises d'Aubenas, St-Etienne de Fontbellon et N.-D. des Plans. Le chanoine exhibe ses titres à Etienne Rochier, curé de St-Laurent d'Aubenas et de St-Etienne de Fontbellon, et celui-ci le met alors en possession réelle et effective de l'église de St-Laurent et des droits de la prévôté vacante, par la tradition de la barre transversale *(vettis)* de la grande porte de l'église St-Laurent. « Lequel seigneur chanoine, usant de ladite mise en possession paisiblement et sans aucune espèce de contradiction, ferma la porte avec ladite barre et l'ouvrit ensuite comme il lui plut. » Suit le détail d'autres cérémonies caractérisant la mise en possession.

Les mêmes cérémonies furent accomplies à l'église St-Etienne de Fontbellon, à N.-D. des Plans et enfin à la maison de la prévôté.

En 1429, nous avons le testament de Cibile, femme de noble Pierre Coqui. Elle veut être enterrée à Saint-Laurent, à la condition qu'on détruise un escalier qui obstrue la tombe des Coqui. Elle laisse deux tasses d'huile au luminaire de Notre-Dame des Plans comme aux deux autres, et de plus une rente annuelle de 10 sols à la confrérie des prêtres de N.-D. des Plans.

Le curé Rochier dut mourir en 1429, car nous voyons Guillaume Chaynes se présenter alors comme son successeur à l'official Michel Dupuy. Seulement Chaynes n'étant pas encore prêtre, il prie l'official d'accepter à sa place pendant un an un messire Pons qu'il a amené avec lui. L'official, au nom de l'évêque de Viviers, admet ledit Pons pour prêcher et faire le service de la cure, après lui avoir fait prêter serment.

En 1434, constitués en personne vénérables hommes messires Guillaume Chaynes, curé de St-Etienne de Fontbellon, Pierre Mercier, curé de Notre-Dame des Plans, recteurs perpétuels ; messire Nicolas Dupuy, bachelier en l'un et l'autre droit, official d'Aubenas, Largentière et Pradelles ; noble Guidon Nogier, recteur temporaire pour les laïques (*pro laycis ad tempus*), et messire Pons Pantel, prêtre chargé de la procuration de ladite confrérie....... écoutent Etienne Lacrotte, de Mercuer, qui déclare vouloir tenir d'eux divers jardins indiqués. On lui en donne l'investiture moyennant un cens annuel de 8 setiers de vin.

Le registre du notaire Rochette contient, à la date du 26 février 1440, un affermage du prieuré de Vesseaux, près d'Aubenas, qui dépendait de la Chaise-Dieu. Nous avons, dans un autre ouvrage (1), donné l'affermage du même prieuré en 1430. Le prieur était alors Antoine Jourdan, oncle de Bérenger de Surville, mari de la fameuse Clotilde de Surville, et il est assez curieux de voir ce Bérenger, que sa femme pleure pendant tout un volume de vers, comme mort au siège d'Orléans en 1428, se retrouver bien vivant en qualité de témoin dans l'acte en question. Nous pourrions ajouter qu'il vivait encore en 1459. Mais ceci n'entre pas dans notre sujet. Le prieur de Vesseaux affermait son prieuré en 1430 au prix de 200 florins par an. Son successeur en 1440 s'appelle messire Bernard Storrofit. Il arrente son prieuré pour trois ans et trois récoltes à noble Antoine Mote, de Boulogne, au prix de 186 liv. t. par an. Mote promet de payer à réquisition 40 liv. t. (valant 50 florins), autres 40 à Pâques, idem à la St-Michel, et le reste à Noël.

En 1445, nous avons le testament du curé ci-dessus de N.-D. des Plans. Mercier veut être enterré dans son église. On convoquera tous les prêtres d'Aubenas, tant séculiers que réguliers. A chaque prêtre séculier et à chaque religieux de St-Antoine, on donnera 12 deniers. Tous ces prêtres et religieux assisteront à la neuvaine dite pour le repos de l'âme du défunt et alors chacun recevra six deniers par jour. De même pour la quarantaine, et ils recevront alors 12 deniers. Il lègue aux couvents des FF. Prêcheurs et des FF. Mineurs 12 sols, à chacun, pour les messes. On fera les oblations de pain et de vin à l'église Notre-Dame des Plans, pendant quarante jours après sa mort, à raison de 8 deniers par jour. Il lègue au curé d'Au-

(1) *Voyage dans le midi de l'Ardèche*, p. 397.

benas double distribution pour sa neuvaine et sa sépulture, afin que son âme soit recommandée dans les prières. Il lègue à chacune des églises de N.-D. des Plans, de St-Etienne de Fontbellon et de St-Laurent d'Aubenas, une tasse d'huile. Dans chacune de ces églises et de plus dans celles des FF. Mineurs et des FF. Prêcheurs, 30 messes seront dites pour le repos de son âme et pour celles de ses parents, dans le délai d'un an après sa mort, et pour chaque messe il sera donné 8 deniers. Il lègue à son église de N.-D. des Plans 2 florins, et autant à la confrérie de cette église ; à l'évêque de Viviers, 5 sols. Il laisse son nouveau psautier pour le service de N.-D. des Plans et de ses prêtres. Il lègue 2 gros à Jean Chambon, clerc de cette église. Enfin, il institue pour héritier universel son neveu Jean Chambon. L'acte est passé dans le cloître de N.-D. des Plans.

Le curé Mercier étant mort, le prévôt de Viviers, comme prieur d'Aubenas, présenta pour le remplacer, le 30 octobre 1445, messire Jean Taulemesse, et celui-ci fut mis en possession de la cure de Notre-Dame des Plans, le 15 novembre suivant, en présence de Guillaume Chaynes, curé d'Aubenas, avec le même cérémonial, c'est à dire avec la tradition de la barre transversale, que nous avons vu pratiquer précédemment à St-Laurent et à St-Etienne de Fontbellon.

L'entrée de deux jeunes filles nobles dans le couvent de St-Maurice d'Ardèche, qui dépendait des Bénédictines de la Villedieu, transférées plus tard à Aubenas, fait l'objet d'un acte de 1448. Jean de Trau (de Trabe), seigneur de Ville, sa fille et son gendre, noble Itier Sarazin, se présentent à dame Hélis de Fourchade, prieure du monastère, en la priant de recevoir parmi ses religieuses Louise et Jeannette filles d'Itier. On payera pour leur entrée cent florins, aux termes qu'il plaira à la prieure d'indiquer. On fournira de plus un lit bon et convenable pour chacune d'elles. Enfin on donnera chaque année pour leurs vêtements 10 ou 12 florins. La prieure ayant accepté, Jean de Trau, sa fille et son gendre s'engagent à remplir les conditions convenues. Cela fait, on introduit les deux nouvelles religieuses et on les revêt d'habits monastiques. Celles-ci donnent quittance à leurs parents pour tous leurs biens paternels et maternels. Parmi les témoins de cet acte est un Pierre de Vogué, avec son neveu du même nom.

Une scène d'un autre genre a lieu huit ans après, le 12 juin 1456, chez les Bénédictines de la Villedieu. Vénérable homme messire Jean

Marcols, licencié-ès-lois, juge royal du Vivarais, et commis *ad hoc* par l'autorité du roi, se présente ce jour-là au couvent. Il est introduit dans la cour où l'attendent les religieuses Gabrielle de Rochemure, Françoise de Serre, Louise et Antonie Nogier. Il leur enjoint, sous peine d'une amende de dix marcs d'argent, de lui indiquer la retraite de Ménile, fille de feu noble Ménile, qu'on dit être cachée chez elles. Gabrielle de Rochemure répond, au nom des religieuses, que la personne cherchée n'est pas dans le couvent. En même temps elle proteste, par l'organe de maître Jean Pastel, contre la procédure dont les religieuses sont l'objet. Le juge leur interdit, sous peine d'une amende de cent marcs d'or, de transférer ailleurs ladite Ménile, si elle est dans la maison. Les religieuses déclarent alors qu'elles sont prêtes à ouvrir toutes les portes, si le juge veut faire lui-même la recherche. Messire Marcols réplique qu'il la fera, s'il le juge à propos, et assigne les religieuses pour trois jours après, à deux heures de l'après-midi. De tout cela les religieuses font dresser acte par le notaire Rochette. Parmi les témoins figure encore noble Pierre de Vogué.

Le testament de ce Pierre de Vogué, en date du 9 janvier 1457, contient des legs aux FF. Prêcheurs et aux prêtres et religieux de la confrérie de N.-D. des Plans.

En 1467, a lieu la bénédiction de l'église St-Laurent, qui venait d'être rebâtie. La guerre de Cent Ans avait laissé dans le pays des ruines considérables. Il fallait que la ville d'Aubenas eût été bien exposée aux efforts des Anglais, ou qu'elle eût souffert de toute autre guerre particulière, puisqu'en 1440, plusieurs des tours qui servaient à sa défense et divers endroits de ses murailles étaient ruinés et démolis, et que pour les rétablir les habitants avaient été obligés de recourir au Roi, qui les autorisa à imposer et lever huit deniers tournois sur chaque quarte de froment cuit et réduit en pain par les boulangers. Les Montlaur avaient été chargés jusques-là des réparations au moyen du droit de *vingtain*, qu'ils exigeaient pour cela des habitants ; mais il en avait été bientôt de cette contribution comme de celles des péages, des leudes et autres, qui avaient eu leur source dans la construction et l'entretien des ponts, des chemins et des places publiques, charges dont les seigneurs s'affranchirent ensuite, en conservant néanmoins les droits qui en avaient été le prix. On peut juger de l'état des pertes qu'Aubenas avait eues à subir par une ordonnance du sénéchal de Nîmes, relative à la décharge des tailles.

Non seulement les fortifications extérieures avaient été détruites, mais les églises de St-Laurent et de St-Pierre, ainsi que l'hôpital de St-Georges, avaient été ruinés. L'église de St-Pierre resta en ruines, tandis qu'on rebâtissait St-Laurent (1).

Le 26 août 1468, Etienne Radulphe, prêtre, fermier du bénéfice de la prévôté d'Aubenas, ayant la procuration de messire Pierre Barillet, dit Panconis, licencié en l'un et l'autre droit, prévôt de l'Eglise de Viviers, « élu évêque de Viviers et confirmé » (2), reconnaît à noble Louis, bâtard de Montlaur, lieutenant de messire Louis de Rochefort, bailli de la baronnie de Montlaur et baile d'Aubenas, et à Jacques Manha de Salorexto, commis ad hoc par magnifique et puissant homme le seigneur de Montlaur et d'Aubenas, au nom du prévôt, tenir dudit seigneur à raison des églises paroissiales d'Aubenas annexées à ladite prévôté, en emphythéose et sous le domaine direct, certaine maison dite de la prévôté, dans laquelle les prêtres, serviteurs desdites églises paroissiales, ont l'habitude de manger et se reposer *(comedere et refici consueverunt)*, sise à Aubenas au bas de la rue des Ollières, limitant par derrière avec le mur de clôture de la ville, où est la tour dudit lieu, laquelle tour cependant n'est pas de la prévôté, mais fut construite par la communauté d'Aubenas pour le renforcement des murs et la défense dudit lieu.. ... sous le cens annuel de 4 sols et 6 deniers.

Radulphe indique d'autres immeubles voisins que le prévôt reconnaît tenir du seigneur de Montlaur. La maison de la prévôté confronte avec une pièce de terre friche *(pedam vacuam)*, contigue au verger de la prévôté, jadis achetée de Jarenton de Ledra par les prêtres desdites églises, pour l'agrandissement et l'amélioration de la maison de la prévôté.

Dans la suite de l'acte, il est parlé de l'église de St-Laurent, *alias* de St-Dominique d'Aubenas, *filleule de l'église paroissiale de St-Etienne de Fontbellon*, près Aubenas, à laquelle église les autres maisons contigues ci-dessus indiquées furent jadis acquises du prieur de Vesseaux.

Radulphe reconnaît aussi tenir du seigneur de Montlaur les maisons où sont la citerne contigue à l'église St-Laurent et les restes de

(1) Notes de Delichères.

(2) C'est le fameux Barillet que le peuple de Viviers élut évêque, tandis que les chanoines élisaient Hélias de Pompadour. Voir notre *Voyage au pays Helvien*, p. 268.

maisons hautes et basses, tombées maintenant à l'état de chazaux (*nunc in casalibus deventæ*), confrontant avec le mur de la ville, jusqu'au portail des sœurs de Ste-Claire, appelé autrefois *de Capraria.*

Plus bas, il est encore parlé de l'aire (*area sive peda vacua*) acquise de Jarenton de Ledra, qui est tenue en fief franc et noble du seigneur de Montlaur, ainsi qu'il résulte d'une reconnaissance faite par le prévôt Jean Montan au seigneur de Montlaur, aïeul maternel du seigneur actuel. (Acte reçu par Robert, notaire, et extrait du terrier qui est au château).

A cette époque, un généreux citoyen d'Aubenas, Roux, marchand, eut l'idée de faire relever l'église de St-Pierre-le-Vieux. Le registre du notaire Soboul contient, à la date du 2 juillet 1470, un accord passé entre lui, Raoulx, curé de St-Laurent, procureur fondé du prévôt, Imbert, vicaire de St-Laurent et autres membres de la confrérie de St-Pierre et de St-Paul établie depuis peu à Aubenas, accord par lequel Roux s'engage à restaurer l'église de St-Pierre pour y faire célébrer les offices divins.

L'auteur d'un testament fait en 1475 convoque à son convoi les neuf prêtres de la prévôté d'Aubenas, et veut que des neuvaines soient célébrées par les trois prêtres de l'église de St-Étienne.

En 1477, le curé de N.-D. des Plans s'appelle Jean Celarier.

En 1488, on voit figurer dans un acte du notaire Turry, Louis Dugras, prêtre et vicaire perpétuel de N.-D. des Plans, à côté de Pierre Bertrand, vicaire et fermier de la cure de ladite église, et messire Claude Rivalis, curé. Claude Bertrand s'engage à payer à Louis Dugras une pension de 12 quartes de seigle et 8 quartes d'avoine, qu'il portera tous les ans au recteur de la chapelle de St-Michel d'Aubenas ou de St-Étienne de Fontbellon. Il y avait donc, à la fin du XVe siècle, trois prêtres attachés à chacune des trois églises paroissiales d'Aubenas ; ce qui est, d'ailleurs, confirmé par un compois de 1491. Dans divers passages de ce compois, on retrouve trois catégories de propriétés religieuses à N.-D. des Plans, savoir : les fonds dépendant de cette cure, ceux appartenant à l'*œuvre de N.-D. des Plans*, et enfin d'autres fonds qui étaient de la *confrérie de N.-D. des Plans.*

Le prêtre Louis Dugras, nommé ci-dessus, avait été chargé, paraît-il, de la garde et de l'administration des ornements et joyaux de l'église St-Laurent. En 1493, il demande à en être déchargé, par le motif qu'il a été nommé vicaire de N.-D. des Plans, où il habite.

Les régents d'Aubenas procèdent à la réception des joyaux. Il y a cinq calices aux armes des Sabatier, des Montlaur et des Apcher, et des reliquaires aux armes des Maurel et des Raffard On fait aussi l'inventaire des livres qui sont dans la sacristie, le chœur et les armoires. On y voit figurer : un missel en parchemin, complet, *de littera formata*, donné par feu Etienne Rochier, curé de cette église ; un bréviaire en parchemin, dans le chœur, dont se servent tous les jours les prêtres et les vicaires ; un autre bréviaire en parchemin, dans le chœur, attaché avec une chaine de fer, donné par Etienne Radulphe, un autre ancien curé ; un troisième bréviaire avec chaîne de fer, dans la chapelle du seigneur de Barris, et une foule de missels, bréviaires, anciens et nouveaux Testaments, diurnaux, etc. ; un *Rationale divinorum officiorum*, plusieurs psautiers et livres-notes, le tout laissé dans ladite église pour le service des prêtres. Le vicaire perpétuel des églises de St-Laurent et de Fontbellon en cette année 1493 est messire Claude Spini.

On peut comparer cet inventaire avec celui de mars 1541 que donne M. Vaschalde dans ses *Notes sur le Vivarais* (p. 25). En 1541, c'est à Claude Fareton, alors vicaire, que ces joyaux et ornements sont confiés ; il prête serment de les bien garder et de les rendre à première réquisition. On institue en même temps pour clerc (sacristain) de l'église, Antoine Chabreyron.

L'église de N.-D. des Plans avait le privilège de certaines quêtes. Le fermier de ces quêtes, en 1493, est messire Pascal Montrond, prêtre, qui sous-loue à messire Audibert, prêtre de Mayres, les voyages et quêtes en l'honneur de N.-D. des Plans dans les villes et diocèses Gartuensis (Castrensis ?), *Terentayro* (Tarentaise en Savoie ?) et *Vellevi* (le Velay), au prix de 5 écus et demi d'or au coin du roi de France.

La même année, messire François Alric, licencié ès-lois, d'Aubenas, désire être enterré dans la chapelle de St-Bernardin, à l'église des FF. Mineurs ; mais, si cela fait difficulté, on pourra mettre son corps à St-Laurent.

L'année suivante, messire Claude Spini reparaît dans un acte relatif à St-Etienne de Fontbellon. Il y a chaque année, dans cette paroisse, une fête de la Confrérie de Saint-Christophe. Le 23 août 1494, Mathieu et Antoine Serron, des mas d'Aubenas, vendent à ladite Confrérie, représentée par le vicaire Spini, une rente annuelle de 3 setiers de vin pur, au prix de 3 livres que leur paye la Confrérie.

C'est aussi en 1494 qu'intervient entre vénérables hommes, messire Guillaume Guargot, prêtre, vicaire perpétuel de N.-D. des Plans, serviteur (desservant) de cette église paroissiale, et messire Vital Chastanier, prêtre, curé perpétuel de l'église paroissiale de St-Saturnin-Lespinasse (St-Sernin), un arrangement amiable en vertu duquel ces deux prêtres échangent leurs vicariat et cure. Tous deux donnent leur procuration à Jean Cellier, prieur de la Souche, qui est chargé de remplir les formalités nécessaires.

En 1495, Mathieu Roland et sa femme, considérant que leur fils Vital Roland désire, avec la grâce de Dieu, entrer dans les ordres sacrés et devenir prêtre, et qu'il est nécessaire de le pourvoir de son titre honorifique, lui donnent et confèrent, sur tous leurs biens et sur leur maison, son titre honorifique comme il appartient et convient à tout prêtre.

De cet acte, il faut rapprocher le testament de Pierre Brunier, coseigneur de Balazuc (25 août 1496), qui, après avoir légué à ses deux fils cadets, Léon et Charles, pour tous leurs droits, 200 livres à chacun, que l'aîné devra payer à raison de 20 livres par an, ajoute dans un codicille que, si l'un d'eux veut entrer dans les ordres sacrés, il lui lègue pour tous ses droits, et garantis par tous ses biens, la nourriture, le vêtement et la chaussure et toutes autres choses convenant à la prêtrise, outre l'éducation dans les écoles aux frais de son héritier, le legs précédent de 200 livres devant, dans ce cas, être annulé.

En 1496 a lieu la fondation d'une croix pour les Rogations à Fontbonne (entre Aubenas et Vals). Mᵉ Bernard Dusault, se présentant à noble Charays, seigneur de St-Lager, mari de noble Louise Baudoin, d'Aubenas, expose que, poussé par la dévotion, il a fait faire et sculpter une croix de pierre qu'il voudrait faire élever au lieu de Fontbonne, afin que, lors de la fête des Rogations, on place au pied de cette croix des images et des fleurs et que la bénédiction y soit donnée par les prêtres avec les oraisons accoutumées. Or, comme cette croix doit être placée au sommet du pré dudit noble Charays, Dusault demande à celui-ci l'autorisation, qui est accordée.

A la même époque, Jean Storrofit, originaire d'Aubenas, habitant de Vézenobre, au diocèse de Nîmes, fait remise à la vénérable Confrérie de N.-D. des Plans et à ses prêtres recteurs, d'une rente de 4 setiers de vin sur la vigne d'un nommé Robert, que celui-ci tenait de lui en emphythéose, à la condition que les recteurs payeront les frais de l'acte de donation. En retour, les recteurs seront tenus de célébrer une absoute dans l'église des Frères Prêcheurs sur la tombe de noble Gonon Storofit, père du donateur.

Un incident d'une autre nature survient le 25 mars 1497. — Louis Latuile, dit Garalian, d'Aubenas, se plaint que des malfaiteurs aient, à son insu et sans avertissement de droit, affiché de nuit à la porte de l'église St-Laurent des *lettres aggravatoires* à son préjudice. La copie fut arrachée par quelqu'un, mais après avoir été vue par diverses personnes. Chambon, juge d'Aubenas, se présente au nom de Latuile, à vénérable homme Pierre Bése, bachelier ès-lois, lieutenant de l'official d'Aubenas, Largentière et Pradelles. Il demande une instruction sommaire. L'official fait cette instruction au moyen de témoignages de personnes présentes, qui déclarent sous serment avoir vu la copie de certaines lettres aggravatoires du vice-régent d'Avignon affichées à la porte de l'église St-Laurent, dans lesquelles Latuile est nommé. L'official soutient que Latuile n'a souffert aucun préjudice. Celui-ci persiste dans son appel et en demande acte.

Au XVᵉ siècle, Aubenas avait cinq portes ou portails :

La porte St-Antoine, au bout de la rue de ce nom, conduisant au couvent des Antonins situé *extra muros ;* un des côtés avec la rainure existe encore ;

La porte des Frères-Mineurs ou Cordeliers, porte récemment démolie parce qu'elle menaçait ruine ;

La porte des Sœurs ou du Devès, dite aussi porte du Malheur, à cause de l'entrée des paysans révoltés de Roure en 1670, près de la cure ;

La porte des Frères-Prêcheurs ou Dominicains, dite aussi porte Valeton, parce que la maison Valeton la domine ;

Enfin la porte de N.-D. des Plans, près de la chapelle St-Benoît.

Le portail Radal, en face de la nouvelle rue de la Guinguette, et l'arceau du collège sont d'une date beaucoup plus récente (1).

La porte de Beauregard ou Belvèze *(Pulchri visus)* paraît être la même que la porte Valeton.

L'arceau Corbe, près de la librairie Tourette, et l'existence d'une rue voisine appelée rue Barri, permettent de supposer qu'avant l'en-

---

(1) En 1793, on débaptisa ainsi ces portes : Porte St-Antoine, *de la Fraternité ;* Porte des Cordeliers, *de la Liberté ;* Porte du Devès, *de la Réunion ;* Porte Valeton, *des Droits de l'homme ;* Porte de N.-D. des-Plans, *de Marat ;* Porte Radal, *du Contrat Social.*

ceinte du XVᵉ siècle, Aubenas avait une autre enceinte plus res-
treinte, dont l'arceau en question était une porte.

Les régents d'Aubenas, qui étaient au nombre de trois, deux pour
la ville et un pour les mas, c'est-à-dire la banlieue, avaient pour
mission spéciale d'ouvrir chaque matin et de fermer chaque soir les
cinq portes de la ville. Ces régents étaient élus chaque année au
mois de mai et ceux qui sortaient de charge remettaient solennellement à leurs successeurs les clés des cinq portes. Cette remise était
officiellement constatée par acte de notaire. Les trois régents se
composaient le plus souvent d'un noble et de deux bourgeois.

Le 14 septembre 1501, les Etats du Languedoc s'étant assemblés
dans la grande salle du chapitre du Puy, Louis de Montlaur, seigneur d'Aubenas, eut une dispute avec le vicaire général de l'évêque
d'Uzès sur la question de savoir qui parlerait le premier. Il fut décidé que « l'Eglise devait parler premièrement que les nobles. »

Une initiative qu'on ne s'attendait pas à voir en ce temps-là est
celle de Jacques Charbonnier, marchand d'Aubenas, qui, le 13 avril
1502, fonde une bibliothèque, pour servir aux prêtres et aux autres
habitants de la ville, dans le deuxième étage de l'hôpital Saint-
Georges. Les régents d'Aubenas, vu que ledit hôpital ne sert en rien
à la communauté, qu'il menace ruine et a besoin de grandes réparations, donnent à Charbonnier l'autorisation nécessaire, à la charge
de payer les réparations et d'ouvrir des fenêtres du côté de la grande
porte de l'église St-Laurent. Il est dit dans l'acte que l'hôpital en
question confronte d'un côté et tout du long avec ladite église et
avec la chapelle St-Georges située dans l'église même.

Un acte de l'année suivante nous montre ce Jacques Charbonnier
devenu un des trois régents d'Aubenas ; les deux autres sont Jean
Samon et Jean Escharavil. Il résulte de l'acte en question que la
fabrique de l'église St-Laurent d'Aubenas était placée sous l'administration et le contrôle des régents. Imbert, mercier d'Aubenas,
était en même temps l'*operarius*, c'est-à-dire le fabricien de l'église.
Il a à ce sujet un différend avec la curie spirituelle de l'évêque de
Viviers ; cette affaire l'a obligé de faire certaines dépenses, et il en
prévoit d'autres, pour poursuivre l'affaire tant devant cette curie que
devant la curie métropolitaine de Vienne et ailleurs. Or, comme Imbert n'est *operarius* de St-Laurent « qu'au lieu et place des régents
d'Aubenas et pour soutenir la fabrique et l'œuvre de l'Eglise », il
demande aux régents de le garantir pour toutes les dépenses qu'il
aura à faire. Les régents font droit à sa demande.

Un acte du notaire Turri (26 février 1503), nous révèle un de ces conflits pour choix de sépulture si communs à cette époque Les Cordeliers demandent acte à messire Etienne Delaire, prêtre, comme vicaire du curé d'Aubenas, à raison de l'enterrement par lui fait de Jausserande Depas, veuve d'Antoine Dupuy, malgré qu'elle eût choisi sa sépulture dans l'église des Cordeliers (1). Sur quoi le sieur Delaire répond qu'il n'admet point les protestations desdits Cordeliers en ce qu'elles pourraient préjudicier aux droits de la cure et du prévôt, et qu'il n'a d'autre droit que de suppléer aux fonctions du curé ou du vicaire en leur absence.

Un habitant d'Aubenas, Claude Chambon, faisant son testament le 10 mai 1506, dit que, s'il arrivait qu'il fût avant sa mort privé de la parole, on devra appeler autour de son lit le curé de St-Laurent et son vicaire. Il veut qu'on convoque à ses funérailles tous les prêtres séculiers et les religieux du mandement d'Aubenas, etc. Il nomme le curé de St-Laurent son exécuteur testamentaire.

En 1510 (28 octobre), noble François de la Bruyère, pour s'acquitter du principal d'un obit fait en faveur du curé et des vicaires d'Aubenas, leur assigne un capital sur un tiers ; ce qui est accepté par Chastanier, curé d'Aubenas, Antoine Dussaut et Guillaume Rodairon, vicaires de St-Laurent, et Claude Rejange, prêtre, lieutenant ou rentier de Thomas Gamon, prêtre et vicaire de la même église, « commensaux de la prévôté d'Aubenas (2). »

Rodairon, l'un des vicaires ci-dessus, étant mort en 1513, les régents d'Aubenas revendiquent le droit de lui donner un successeur. Le 9 mai de cette année, Guigon Dupont et Georges Blanc, en leur qualité de régents, donnent leur procuration à trois avocats du Puy, à l'effet de se présenter au prévôt de Viviers ou à son vicaire, de lui notifier la mort de messire Guillaume Rodairon, vicaire perpétuel de l'église paroissiale de St-Laurent, dépendant de la prévôté ; de lui rappeler qu'en cas de vacance des vicariats de ladite église ou des églises de St-Etienne de Fontbellon et de N.-D. des Plans, dépendant également de la prévôté, ils possèdent la faculté bien reconnue de présenter, nommer et eslire pour vicaire perpétuel de la vicairie vacante un prêtre apte et capable, enfant de la ville ou du mandement d'Aubenas ; enfin d'obtenir du prévôt la collation et la confirma-

(1) A partir de cette époque, les FF. Mineurs sont plus généralement appelés *Cordeliers*.

(2) Registres d'Alacris (Allègre), notaire.

tion de la vicairie vacante. Cette intimation faite au prévôt, les représentants des régents d'Aubenas devront lui présenter, pour vicaire perpétuel de ladite vicairie, vénérable homme messire Claude Fareton, prêtre d'Aubenas et enfant de l'église St-Laurent, comme apte, capable et d'honnête conversation, nommé et élu vicaire par les régents, en requérant instamment le prévôt de confirmer leur choix selon la coutume observée dans la ville d'Aubenas et selon la teneur des conventions qui reconnaissent ce droit aux régents. Les procureurs sont chargés de recevoir la collation et la confirmation de ladite vicairie et, en cas de refus, de protester pour le trouble et empêchement apporté à l'exercice de leur droit et d'en appeler aux autorités supérieures. Fait à Aubenas, sur la place publique, etc. (1).

Un autre acte constate le refus opposé par le prévôt à cette démarche des régents.

Le candidat de ce dernier était, paraît-il, messire Jacques Chonneyron, prêtre, car, le 23 mai, c'est lui qui est nommé à la place de Rodairon, par messire Vital Chastanier, curé de St-Etienne et de St-Laurent, en vertu des pouvoirs que celui-ci a reçus du R. P. Jacques de la Tour de St-Vidal, protonotaire du Saint-Siège et prévôt de l'Eglise de Viviers.

Les régents n'en persistent pas moins, et le 6 septembre suivant, on les voit, cette fois au nombre de trois (le troisième qui ne figurait pas dans l'acte précédent est noble François de la Bruyère) donner leur procuration à divers avocats ou notaires de Viviers et de Vienne, à l'effet de se présenter à l'évêque de Viviers et, au besoin, à l'archevêque de Vienne, et autres seigneurs et magistrats, auxquels il serait nécessaire et opportun de recourir, de les sommer et requérir de conférer et confirmer à messire Claude Fareton la vicairie perpétuelle de l'église St-Laurent, selon l'usage toujours observé à Aubenas et selon la teneur d'une sentence rendue en faveur des régents ; et si le prévôt refuse, de protester en déclarant qu'ils en appellent à un pouvoir supérieur.

Les régents eurent gain de cause, car cinq jours après (11 septembre), Fareton se présente à Chastanier, curé de St-Laurent, et il est mis en possession de la vicairie vacante, en vertu des provisions de l'évêque. Il est vrai que le prévôt proteste alors, par l'intermédiaire d'un procureur, contre le curé et les régents dont la conduite, dit-il, lèse ses droits. Les régents protestent à leur tour contre le trouble que le prévôt cherche à apporter aux droits de la communauté.

(1) Idem.

En 1513, nous trouvons encore un legs fait au reclus de N.-D. des Plans (*recluso B Mariæ de Planis qui erit tempore mortis*).

En 1514, les régents baillent à Chastanier, curé, la *crotte* (la voûte) de la ville qui est près du portail des Sœurs, sous les chambres des vicaires, pour en jouir sa vie durant, à la condition qu'il devra la réparer et faire au-dessus une chambre. Ils lui accordent aussi « de faire une chayre de pierre pour prêcher auprès de la chapelle de St-Michel ou autre endroit plus convenable (1). »

Le 3 mai 1515, messire Claude Rejange, prêtre fermier rentier pour un tiers des émoluments de la prévôté d'Aubenas, s'associe messire Vital Chastanier, prêtre, aux clauses suivantes : que ledit Chastanier mangera à la table ou manse de ladite prévôté, ainsi que les autres rentiers de l'église ont accoutumé de le faire ; qu'au bout de la ferme qui durera deux ans, Chastanier rendra compte à l'effet de partager le profit ou la perte ; que si ledit Rejange venait pendant ce temps à accepter une vicairie ou une prébende de ladite prévôté, ils seront également associés dans les émoluments d'icelle, et que si ledit Chastanier était obligé de s'absenter pour affaires, ledit Rejange serait tenu de faire son service dans l'église et pour l'administration du tiers du revenu.

La mort du curé Chastanier en 1516 remit sur le tapis la question du droit de la ville d'Aubenas de nommer les prêtres chargés du service des églises paroissiales. Le 8 décembre, ils se présentent devant le notaire Allègre : ils rappellent qu'en vertu d'une transaction avec le prévôt de Viviers et suivant l'ancienne coutume, il leur appartient de présenter, nommer et élire les curés et vicaires d'Aubenas. Ils présentent donc et nomment messire Louis de Montlaur, acolyte, présent à l'acte, et requièrent le représentant du prévôt de présenter à l'évêché de Viviers ledit Louis de Montlaur pour curé ou vicaire perpétuel. A quoi Roland, procureur du prévôt, répond qu'il ne peut donner son consentement.

Ce même jour, Louis de Montlaur est mis en possession de la cure de St-Etienne de Fontbellon.

Le surlendemain, 10 décembre, Louis de Montlaur nomme des procureurs pour requérir l'évêque, à défaut du prévôt, de le pourvoir de la cure ou vicairie perpétuelle de St-Etienne de Fontbellon, à laquelle il a été nommé par les régents d'Aubenas.

(1) Registres d'Allègre, notaire.

Dans une délibération de la communauté d'Aubenas, en date du 4 janvier 1517, il est dit que Louis de Montlaur a présenté un clerc de Boulogne pour desservir en cette qualité l'église paroissiale de St-Laurent. A quoi il est observé par le conseil qu'il est d'usage de présenter au prévôt un clerc de la ville ou du mandement pour desservir ladite église, sans déroger néanmoins à cet égard aux privilèges et libertés de la ville, et que ce clerc doit auparavant donner caution pour la sûreté des joyaux et ornements de l'église.

L'année suivante (31 janvier), Louis de Montlaur défend à Jacques de Solier, vicaire et vice-curé de St-Laurent, de publier certain monitoire obtenu de l'official pour Claude Sarrazin, de Ville.

En 1519, Mᵉ Allègre, notaire, fait un legs pie à la chapelle de N.-D. des Anges qui est dans l'église St-Laurent.

En avril 1522, Claude Spini, prêtre official d'Aubenas, au nom du curé, afferme la cure de St-Sernin, pour deux ans, à raison de 20 livres par an.

La même année, le prieuré de St-Andéol de Bourlenc est affermé pour trois ans, à raison de vingt-huit livres par an, à Julien, prêtre de Mirabel (1).

Le 8 octobre 1527, Bernardin Rogier, dit Rocca, fait son testament en faveur de N.-D. des Plans, où il veut être enterré dans la chapelle de Ste-Marie-Madeleine. Il lègue aux pauvres 15 quartes ou setiers de blé. Il lègue la moitié de sa maison de la rue des Ollières à Louis de Joyeuse, évêque de St-Flour, et l'autre moitié à Guillaume de Joyeuse, évêque d'Alet. Il lègue, dote et ordonne deux chapelles, et davantage selon la faculté de ses biens, dans l'église N.-D. des Plans. Il institue deux prêtres pour desservir la chapelle de Ste-Marie-Madeleine. Chacun d'eux devra dire toutes les semaines deux messes dans cette chapelle, et sera tenu d'assister à toutes les heures canoniales qui se disent en ladite église avec le curé et les vicaires d'icelle, les aider aux divins services qui se diront, ensemble à la grand'messe qui se dit tous les jours et aux deux messes du dimanche, aidant le curé et les vicaires. Le testament contient de longues instructions sur les devoirs et fonctions de ces deux prêtres. Il nomme les patrons de la chapelle. Après la mort de Guillaume de Joyeuse, le patronat reviendra aux régents d'Aubenas.

Le curé et recteur de N.-D. des Plans, à cette époque, était Antoine Catalon.

(1) Registres de Rochette, notaire.

En 1528, Michel Bontemps, prêtre d'Aubenas, lègue sa bibliothèque à l'église.

Le 10 août 1531, jour de St-Laurent, « fut dressée une confrérie entre les prêtres de la ville, vicaires de la prévôté et ceux de St-Etienne de Fontbellon, au nom de Mgr St Laurent, chef de l'église paroissiale de ladite ville, et en la procession ce jour faite, chacun des prêtres, au nombre de vingt-neuf ou trente, portait un cierge de demi-livre de cire qui furent mis autour du grand autel, tous allumés. Plaise à Dieu que ladite confrérie soit perpétuelle ! »

Le testament d'Antoinette Michelas, en date du 19 juin 1533, porte qu'elle veut être enterrée à l'église St-Laurent et qu'elle doit y être conduite par les neuf prêtres commensaux de la prévôté *vulgariter nuncupatos* LOUS NAUF DE LA TAULE, p῎ ῍atre FF. Prêcheurs, quatre FF. Mineurs et quatre FF. de St-Ant῍᷎᷎e. Elle recommande de porter son corps au haut de la place, devant l'image de la Vierge, où l'on fera l'absoute à haute voix, etc. Elle nomme pour ses exécuteurs testamentaires le curé de la ville d'Aubenas ou ses vicaires qui seront à l'époque de son décès.

En 1535, Vital Lantouzet est curé de St-Laurent en même temps qu'Antoine Brun est curé de St-Etienne et Antoine Catalon curé de N.-D. des Plans.

Nous avons à cette date la déclaration des deux curés de St-Laurent et de N.-D. des Plans, au sujet du temporel de leurs cures respectives.

Le premier déclare n'avoir qu'une « petite chambre joignant à l'église de St-Laurent, qu'est pour l'habitation du curé ; plus un petit jardin ou chênebier, de peu de valeur, et sans qu'il soit clos, pour lesquels maison et jardin, ledit curé est tenu dire chacun an certaines messes, et outre en paye la taille royale, et autre chose ne tient de temporel. »

Le curé de N.-D. des Plans n'a « qu'une maison sive chambre, où il fait son habitation, située auprès du cimetière de ladite église, le chemin au milieu, pour laquelle est tenu dire chacun an deux messes *altâ voce :* plus une autre chambre dans la ville d'Aubenas, de laquelle il a de louage deux livres ; item, trois petites pièces de vigne, contenant en tout deux journaux à fessoyer, produisant, une année dans l'autre, 8 cestiers de vin, et de celles et autres ci-dessus et après nommées, en paye de taille 9 sols ; item, tient un jardin qui lui a été baillé à sa vie par l'œuvrier de ladite église — autre chose dit ne tenir ledit curé... »

En 1544, messire Jacques de Missol, d'Aubenas, prieur de Frons (diocèse de Rodez), fonde une chapelle de Missol dans l'église de St-Etienne de Fontbellon.

En 1548, procès entre les Cordeliers et les prêtres de l'église St-Laurent, à raison de la sépulture de l'enfant Monteillet. Le sénéchal de Nimes, ayant député un commissaire pour examiner le différend, chacune des parties donne ses raisons. Le procureur fondé de l'évêque, qui était en même temps prévôt de Viviers, expose dans son comparant que ledit prévôt, en sa qualité de prieur d'Aubenas, a de droit le soin des âmes et est curé d'Aubenas, mais qu'il est obligé de demeurer en l'église de Viviers, et que, pour le suppléer, il entretient à Aubenas deux curés et sept vicaires auxquels appartient le droit d'ensevelir ceux qui meurent dans ledit lieu.

Les différends de ce genre étaient malheureusement beaucoup trop fréquents. Les prêtres de St-Laurent étaient constamment en procès pour les offrandes qu'on faisait à l'église de Ste-Claire ou pour la dépouille des morts qu'on enterrait à l'église des Cordeliers. On refusait parfois d'inhumer ceux qui, dans leurs testaments, n'avaient pas fait de legs à l'Eglise, et l'officialité était chaque jour occupée à réparer cette omission, en fixant elle-même l'équivalent des legs. Dans les campagnes, il y avait peu de curés titulaires, et on voit divers baux passés par les prieurs, dans lesquels ils chargent leurs fermiers de pourvoir au service divin des paroisses. Les fermiers mettaient ensuite ce service aux enchères et au rabais (1). On comprend combien de pareilles pratiques étaient préjudiciables au prestige de la religion et du clergé, sans parler des reproches d'immoralité, plus ou moins entachés d'exagération, que les historiens protestants adressent au clergé, mais surtout aux moines de cette époque.

Ceci nous amène aux troubles que le calvinisme ne tarda pas à susciter dans le pays.

(1) Notes manuscrites de Delichères. En admettant l'exactitude de ce qui concerne les legs, on peut observer qu'il n'y avait là qu'une application anticipée de ce que nous appelons aujourd'hui le droit d'enregistrement, et que la levée de cet impôt sur les successions était en quelque sorte justifiée par le fait que le clergé avait alors toute la charge de deux grands services publics, qui coûtent aujourd'hui des millions, savoir, l'instruction publique et l'assistance publique.

V

AUBENAS PENDANT LES GUERRES DE RELIGION

Un acte du 7 juin 1551 donne une idée de ce qu'était le revenu du prieuré d'Aubenas, à la veille des troubles de la Réforme. Le fermier du prévôt (qui était alors le cardinal de Tournon) arrente à divers particuliers la dîme des blés de la prévôté et de ses dépendances pour 880 setiers de blé, dont 156 de froment, 176 de seigle, 256 d'orge, 196 d'épeautre et 96 d'avoine. Le fermier se réserve la dîme du millet, du lin et des oignons, comme aussi la paille nécessaire pour les églises de St-Etienne, de Notre-Dame des Plans et de St-Laurent. Les preneurs avaient la dîme du foin de tel à tel point désignés.

Delichères croit que le dernier curé de N.-D. des Plans fut Catalon le jeune, nommé en 1524 par l'évêque Claude de Tournon, « car, dit-il, les guerres de religion avaient chassé dès 1550 tous ceux qui tenaient pour la religion catholique dans le pays, et en 1560 Aubenas et les environs étaient au pouvoir des religionnaires. »

Des mémoires domestiques portent qu'en 1554, le Roi fit inventorier tous les reliquaires des églises de son royaume, sans qu'on sût à quelle occasion, et bientôt après il fit un emprunt de 26 livres sur chaque clocher, le fort portant le faible, « à quoi il fut satisfait des reliquaires. »

Une importante délibération fut prise le 19 novembre 1559 par les habitants d'Aubenas, à l'effet de nommer celui des régents qui devait aller à l'Assiette (Etats du Vivarais) tenue au Cheylard, « auquel il est enjoint de représenter auxdits Etats de faire régler les officiers de la spiritualité d'Aubenas et de Viviers, en ce qu'ils extorquent indûment de ceux qui se marient, pour les bans, 15 ou 20 sols, et de ceux qui meurent de mort subite, un écu sol et davantage, et autrement ne seraient enterrés en terre sacrée, et de chacune diette qui se tient auxdites cours, les greffiers exigent 4 carolus qu'est beaucoup plus qu'aux cours royales (1). »

Un mois après (19 décembre), autre délibération au sujet du prédicateur qui doit prêcher le carême. On décide qu'on agira par jus-

(1) Registres de Demars, notaire.

tice contre le prévôt de l'église pour les dix écus qu'il a promis de donner pour l'entretien dudit prédicateur..

L'agitation alla en augmentant, et, au printemps suivant, dans la nuit du 7 au 8 avril, « toutes les croix de pierre qui étaient à l'entrée de la ville et autour furent abattues, ce qui fut cause qu'en conséquence d'une délibération de la communauté, on se rendit en procession sur les lieux où étaient les croix pour les redresser, et on fit des procédures pour découvrir les coupables (1). »

Messire Florimond de Pax, prêtre, fut alors nommé sacristain de l'église paroissiale de St-Laurent par les régents, pour avoir soin des joyaux et ornements de ladite église.

En 1561, les protestants d'Aubenas avaient appelé un pasteur nommé Colliot, sieur de Varendal, lequel écrivait aux pasteurs de Genève, le 16 juillet : « .... Nous avons toujours prêché publiquement dans la maison de ville sans aucun empêchement depuis que nous sommes arrivé en cette ville. Et n'avons faute sinon d'un lieu assez grand, vu l'abondance du peuple qui se trouve aux assemblées (2). »

Trois mois après (19 octobre), les régents exposaient à Jacques de Modène-Montlaur, seigneur d'Aubenas, qu'ils n'avaient jusque-là aucun prédicateur, quoique le bénéfice de la prévôté vaille 7 à 800 livres de revenu ; que le prévôt réside à la cour et que, de mémoire d'homme, on ne se souvient plus d'y avoir vu résider aucun curé, mais seulement des vicaires directeurs ; qu'il leur est arrivé un ministre qui leur a prêché la parole dans les jardins et lieux découverts, même dans la maison consulaire, et pour le garantir des dangers de la mauvaise saison, ils demandent qu'il leur soit permis de faire prêcher dans le temple de St-Laurent, à des heures où ils ne troubleront pas le service de la paroisse. A quoi s'oppose Me Antoine Balme, curé d'Aubenas (3).

Les protestants firent prêcher néanmoins, durant quelque temps, dans l'église St-Laurent.

Le 3 février de l'année suivante, Guillaume Ducoindeau, le nouveau pasteur, écrivait à Genève : « Nous avons occasion de louer Dieu de l'avancement de son règne, et mêmement en ce pays il n'y a que faute de moissonneurs. » Cette lettre avait pour objet de de-

(1) Notes de Delichères.
(2) ARNAUD, Hist. des protestants du Vivarais. t. I, p. 14.
(3) Registres de Demars, notaire.

mander aux pasteurs de Genève l'autorisation pour Cabanel, un des pasteurs d'Aubenas, d'aller évangéliser Thiers en Auvergne, autorisation qui fut accordée (1).

Jacques de Modène, étant baron de tour, présida les Etats du Vivarais réunis dans son château d'Aubenas le 15 décembre 1561. « Il s'occupa ensuite activement de contenir les nouveaux religionnaires et d'empêcher leurs doctrines de pénétrer à Aubenas ; mais, à part un très petit nombre de familles, tous les habitants en étaient déjà imbus. Se sentant soutenus par le baron des Adrets qui guerroie du côté de Tournon, à la tête des protestants, les Albenassiens se soulèvent en 1562. Ils chassent leur seigneur, les moines, les religieuses et les prêtres, et s'emparent de leurs biens (2). »

Alors beaucoup d'habitants d'Aubenas quittent la ville. Un acte du 22 février 1562 dit que les troubles qui ont régné dans le pays, « la ville ayant été assiégée depuis un an deux ou trois fois », ont ruiné les habitants et leurs fortifications.

Mais c'est au mois d'août 1562 que le mouvement pour cause de religion se généralise dans le pays. Les protestants, partout où ils sont les plus forts, abattent les croix et autres signes extérieurs du culte, détruisent les églises ou s'en emparent.

Le conseil général des habitants d'Aubenas, réuni le 26 août 1562, s'occupa des mesures de précaution à prendre en vue des agissements du baron de Balazuc soupçonné d'organiser au Puy une expédition contre les religionnaires du Vivarais. Le premier régent Benoît dit, entre autres choses, que, dans le cas où la ville serait assiégée, les bâtiments des Jacobins (Dominicains), Cordeliers, St-Antoine et les Nonnains (Clarisses), situés hors des murs, pouvaient servir d'abri à un grand nombre de gens de guerre qui s'y établiraient comme dans des forts. Il convient donc d'examiner si ces couvents doivent être fortifiés ou bien découverts et démantelés. De même pour la confrérie de N.-D. des Plans. Le régent se prononce pour le deuxième système et conseille de vendre les bois et tuiles à prix infimes, et d'aller rapidement en besogne pour tirer argent des matériaux. Il conseille encore de vendre aux enchères publiques certains joyaux, meubles et ornements de l'Eglise romaine, tant pour soulager le peuple, que pour parer aux autres nécessités du moment.

Sur la proposition de messire Etienne Sanglier, licencié ès-lois,

(1) ARNAUD, *Idem.*
(2) Henri DEYDIER, *Noblesse et Bourgeoisie*, à l'article *Montlaur.*

l'assemblée nomma six délégués pour aller examiner sur les lieux la question des résolutions à prendre au sujet des quatre couvents.

Il est probable qu'en ce qui concerne N.-D. des Plans, l'œuvre de démolition avait déjà commencé, car on trouve, dès le 23 février 1562, par conséquent six mois avant la délibération précédente, une quittance de 57 livres délivrée par les régents à Georges Rejange pour reste du prix des couverts, bases et murailles de la maison de la confrérie de N.-D. des Plans dudit Albenas, qui lui avaient été vendus par acte de Demars, notaire. Par un autre acte passé chez le même notaire, les régents avaient vendu, le 5 mars suivant, à Chambon, chapelier, une maison ruinée, jardin, vigne et chenevière tout ensemble, assis au terroir de N.-D. des Plans, ayant appartenu au reclusage de N.-D. des Plans.

C'est en cette année-là probablement qu'eurent lieu à l'église de St-Didier-sous-Aubenas les profanations et incongruités, imitées des Albigeois de Toulouse, que signale le P. Gautier (1) comme ayant été commises par deux ou trois huguenots de l'endroit ; ces malheureux vinrent « descharger leur ventre tout joignant l'autel de l'église, torchant leur ordure des sacrés corporaux de l'autel ; ils commencèrent, cette année ou la suivante, à recevoir leur punition par mort extraordinaire... »

Delichères mentionne un registre de Chabassol, notaire, de l'année 1562, qui « contient d'un bout à l'autre l'arrentement de tous les bénéfices, prieurés, cures, chapelles, obits, pensions, domaines et terres des gens d'église en détail de tout le diocèse, ensemble des fonds de certains particuliers traités de fuitifs et séditieux, passé par Me Léon de la Tour, baillif de Tournon, lieutenant au siège de Villeneuve-de-Berc, messire Antoine Duchier, capitaine châtelain d'Aps, et Claude Pontanier, consul de Viviers, députés et surintendants au pays de Vivarés, et au nom de ce pays. » Le prix des baux est payable dans les mains dudit pays. Le prieuré de la prévôté d'Aubenas est affermé 460 livres, celui de St-Etienne 24 et celui de St-Pierre 80. Toutes les chapelles et fonds ou obits y sont désignés.

En même temps qu'ils se mettaient en état de résister à toute attaque, les régents d'Aubenas invitaient les habitants des paroisses voisines, Ucel, St-Privat, Mercuer, St-Julien-du-Serre, à se réunir en armes aux défenseurs de la ville commandés par le capitaine de

_____

(1) *Chronographie du Christianisme*, p. 496.

la Rochette. Louis de Lestrange s'avança alors contre Aubenas, attendant d'un jour à l'autre l'arrivée de Balazuc, mais celui-ci était occupé ailleurs, et Lestrange dut se retirer, poursuivi par la Rochette, qui lui enleva une partie de ses bagages.

Les procès-verbaux des Etats du Languedoc tenus à Narbonne en 1563 constatent que Jacques de Modène n'avait pu se maintenir à Aubenas, « ville par trop séditieuse, et où est la principale force des réformés, obéissant moins au Roi qu'au sieur d'Acier. » Pour la punir, les Etats de 1569 la privèrent du droit d'envoyer son premier consul à l'assemblée et l'attribuèrent à Largentière, qui, après s'être révoltée en 1562, était peu après rentrée dans l'ordre.

Delichères constate que les premiers édits de pacification avaient calmé les esprits. La ville d'Aubenas avait été donnée aux religionnaires pour place de sûreté. Ils y avaient un ministre et un gouverneur. La tranquillité se maintint jusqu'en 1568. La guerre civile alors se ralluma entre les villes et les campagnes circonvoisines. Une chose remarquable, c'est qu'au milieu des fureurs dont les partis étaient animés, on observait le droit de la guerre, comme il s'induit de divers actes de ce temps, où l'on voit des femmes emprunter d'autorité de justice pour la rançon de leurs maris faits prisonniers par la garnison de Villeneuve-de-Berg.

Jacques de Modène s'était joint à Montmorency-Damville qui harcelait les princes Henri de Navarre et Condé dans la traversée du Languedoc, à leur retour de Montauban. Les princes arrivèrent à Aubenas au mois de mai 1570, s'y reposèrent pendant quelques jours et en repartirent le 23 se rendant en Velay pour y rejoindre Coligny. Ils laissèrent la ville à la garde des sieurs La Caze et Mérambeau. La paix fut enfin proclamée au mois d'août. Jacques de Modène rentra dans son château, et au mois de septembre François de Blou-Laval arriva avec une garnison que les Albenassiens avaient refusée, mais qu'ils furent forcés cette fois de recevoir (28 octobre). Cette garnison ne s'en alla que le 20 octobre 1571 ; « la ville fut alors mise en liberté par la bonté et grâce de Dieu ; ensemble les aultres villes tenant pour l'Evangile ont esté mises en liberté avec l'exercice de leur religion, suivant l'édict de pacification (1). »

Par les édits d'Amboise (1563) et de Paris (1570), la ville d'Aubenas avait été accordée aux protestants pour y faire l'exercice libre de leur religion.

(1) *Livre de raison* de la famille Lafaïsse, d'Aubenas, publié par le baron de Coston en 1885.

Le culte catholique ne paraît pas avoir pour cela complétement cessé à Aubenas, car dans un procès-verbal de visite du 2 décembre 1566, on trouve la comparution de Mᵉ Pierre Maillac, clerc et vicaire de l'église paroissiale de St-Laurent ; celle de Jean Sabatier, frère et procureur de Mᵉ Antoine Sabatier, prêtre et vicaire de l'église paroissiale de N.-D. des Plans, et enfin celle de Mᵉ Pierre-Antoine Missolis, prêtre et vicaire de l'église paroissiale de St-Etienne de Fontbellon. Mᵉ Pierre Maillac y déclare, par la bouche de son procureur, qu'il tient ladite vicairie par résignation qui lui en fut faite par Antoine Dalicieux, chanoine à Viviers, et procureur de Mᵉ Etienne Amblard, dernier possesseur de cette vicairie.

En 1572, c'est un Antoine Aymard qui, dans un acte, prend la qualité de prêtre-curé de l'église St-Laurent d'Aubenas.

Après une période de calme relatif, la guerre se ralluma par suite du massacre de la St-Barthélemy. Les Albenassiens envoyèrent des députés à l'assemblée protestante de Millau, puis se réunissant à leurs coreligionnaires de Privas, ils allèrent s'emparer de Desaignes, du château de Bozas et furent arrêtés dans leur marche sur Annonay par Nicolas du Peloux, gouverneur de la ville

Jacques de Modène fut de nouveau obligé de quitter son château. N'étant plus contenus par sa présence, les plus mutins se réunirent à des déserteurs de divers corps catholiques, et pillant, brûlant, ravageant tout, à la Chapelle, Chassiers, Vinezac, ils ne s'arrêtèrent qu'aux portes de Largentière défendues par le gouverneur François de Charbonnel, seigneur de Chauzon, et par Guillaume de Rosilhes, seigneur de Laurac (1).

Une assemblée générale du pays, tenue à Privas en 1573, dans la maison de Pierre Descombes, par devant Jean Mellet, conseiller au présidial de Nîmes, prit diverses mesures pour ramener la tranquillité. On y régla le traitement des ministres de la religion. On ordonna que les revenus des biens ecclésiastiques seraient remis aux enchères comme ayant été adjugés à vil prix, et on y indiqua une autre assemblée pour le mois de septembre suivant. Celle-ci eut lieu au château d'Aubenas et on y convint d'une trêve jusqu'au mois de février.

Au mois de mars 1574, le conseil général du pays fut tenu à Aubenas. Le comité exécutif qui fut élu se composait de Gabriel

(1) Henri DEYDIER. Idem.

Sanglier, châtelain de Boulogne ; Olivier de Serres, sieur du Pradel ; Simon de la Chaisserie et Claude Pontanier, dit Valençon, consuls de Privas. On y adjugea le bail des revenus des biens ecclésiastiques et on en excepta ceux des confréries situés à quatre lieues à la ronde autour d'Aubenas, comme ayant été assignés pour la dotation d'un collège institué dans ladite ville par lettres royales enregistrées au bailliage du Vivarais. On y arrêta, entre autres mesures, la démolition de tous les lieux forts, isolés dans la campagne, comme pouvant servir de retraite aux ennemis, particulièrement celui du Crouzet, dépendant de l'abbaye des Chambons dans le mandement d'Aubenas (1). Ce fut vers ce même temps que le château d'Ucel fut pris et ruiné (2).

Vers le même temps, les huguenots de Villeneuve-de-Berg taillèrent en pièces quelques troupes levées pour le service du roi. Ils allèrent ensuite prendre Aubignas (sur le Coiron) par escalade et massacrèrent la garnison, parce qu'ils la trouvèrent, dit-on, composée de Lyonnais qui avaient coopéré aux massacres de la St-Barthélemy (3). Nous relatons ce fait à cause de la confusion faite par quelques écrivains qui ont confondu, en cette circonstance, Aubignas avec Aubenas.

La noblesse catholique se réunit à Largentière le mois suivant. Pour remédier à la situation, on résolut de députer vers le Dauphin à son camp de Livron et de transférer à Largentière le bailliage dont l'occupation protestante rendait le maintien impossible à Villeneuve-de-Berg.

Le 4 janvier 1576, Jacques de Modène se joignit aux membres de la noblesse catholique qui se réunirent de nouveau à Largentière chez Guillaume de Fages, sous la présidence de Louis de la Barge, gouverneur du Vivarais, pour conférer avec les membres de la noblesse protestante sur les moyens de pacifier le pays, parce que, disaient tous les députés « le pauvre peuple est tellement exténué qu'il ne peut plus respirer. » Le 3 février suivant, la paix fut enfin signée au château de la Borie de Balazuc, et le Roi signa, le 9 mai, un nouvel édit de pacification.

(1) Manuscrits de Delichères.

(2) Pérussis (p. 148) dit que vers le 28 mai, les protestants se rendirent maîtres d'*Ussel* près de Villeneuve-de-Berg. Il s'agit évidemment d'Ucel près d'Aubenas.

(3) *Etat de France sous Charles IX*, t. III, fol. 106 et 149. D'Aubigné, t. II, livre 2, chap. V. — De Thou, liv. 57.

Cette paix ne fut pas de longue durée. Les Guise en profitèrent pour organiser la Ligue. Aubenas, plein de huguenots, se déclara naturellement pour le roi de Navarre et se fortifia. Les hostilités recommencèrent ouvertement en 1577 et furent aussi acharnées que jamais. En 1580, il fallut organiser des compagnies franches par cantons et par paroisses pour contenir les religionnaires qui saccagèrent la Chapelle, Mercuer, St-Privat, etc., et vinrent jusqu'à Aubenas où ils pillèrent le couvent de Ste-Claire et tentèrent de l'incendier. Les religieuses se réfugièrent, les unes dans leurs familles, les autres chez leur supérieure, abbesse de l'ordre, à Annonay (1).

« Le mercredi 15 de juin 1582, dit un chroniqueur protestant, les papistes de Largentière, Joyeuse, La Baume et Chassiers sont venus en procession à Saint-Estienne (de Fonthellon), les ungs deschaux, les aultres sans parler, les aultres se battans et affligeans, en habits incongneus. Dieu leur veuille ouvrir les yeux. Amen (2). »

C'était la confrérie des Pénitents ou *battus* qui se généralisa à cette époque (3).

Les désordres augmentèrent en 1583. Aubenas et les environs furent pillés et saccagés, tantôt par les uns, tantôt par les autres, et la guerre ne fut plus qu'un brigandage pendant lequel La Tronchère vint du Velay ravager l'abbaye de Mazan et le fort de Porcheyrolles (4 août 1584). Au milieu de tous ces désordres et malgré les représentations des Etats, le Vivarais était obligé de payer 6,000 écus par mois pour l'entretien de garnisons placées dans les villes et les châteaux. A cette époque, Aubenas se souleva de nouveau contre son seigneur, et Jacques de Modène fut encore obligé de quitter la ville où Jacques de Chambaud arriva au mois de septembre (4).

Jacques de Modène étant mort, son successeur, Guillaume-Louis, se concerta avec les catholiques pour reprendre Aubenas. Après un assez grand nombre de combats en 1585 et 1586, le sieur de Sanilhac (celui qui sera plus tard le *brave Montréal*) parvint enfin à surprendre la ville (10 février 1587). Adrien Chamier, le père du fameux Daniel Chamier, était à ce moment pasteur à Aubenas. S'il faut en croire un écrivain anglais, qui confond d'ailleurs le père avec le fils, Adrien Chamier se sauva à Vals, en chemise, et « les papistes

---

(1) Henri DEYDIER. Idem.
(2) *Livre de raison* des Lafaïsse.
(3) Voir COSTON, *Histoire de Montélimar*, t. II. p. 416.
(4) Procès-verbaux des Etats du Vivarais. — Henri DEYDIER, article *Montlaur*.

se vengèrent très ridiculement sur sa robe qu'ils condamnèrent à la peine du fouet. » L'exécution se serait faite plusieurs fois et plusieurs jours de suite (1). Plût à Dieu que, de part et d'autre, on n'eût jamais recouru qu'à des supplices platoniques de ce genre ! Le fait est que, l'occupation catholique d'Aubenas en 1587 ayant eu lieu sans résistance, il n'y eut que peu ou point de sang répandu.

Il en fut à peu près de même, sauf une déplorable exception, lorsque six ans après (5 février 1593), les catholiques furent à leur tour surpris et expulsés de la place. Le château résista néanmoins pendant vingt-huit jours aux assiégeants, assiégés d'ailleurs eux-mêmes par une forte armée de ligueurs répartis dans les environs sous les ordres de Maugiron, Lestrange et le colonel Alphonse d'Ornano. Poncer (2) a reproduit *in extenso* la chronique d'un protestant contemporain où sont racontés avec détails ces deux événements. Cette relation, datée d'octobre 1594, a pour titre : *Fidèle récit de ce qui s'est passé en la ville d'Aubenas durant cette guerre de la Ligue commencée en 1585.* Le possesseur du manuscrit original avant la Révolution était un Valeton, et il y a tout lieu de croire que l'auteur était aussi un Valeton. Poncer dit que la copie, qui lui fut envoyée d'Aubenas par l'abbé Jossoin, avait été prise sur l'*ouvrage autographe* que possédait M. Roure, avocat de Largentière. Nous ignorons ce qu'est devenu le manuscrit original. Mais il devait être accompagné d'autres manuscrits relatifs à la même période et aux cinq ou six années qui suivirent, s'il faut en juger par les notes que nous avons trouvées dans les papiers de Delichères, notes évidemment puisées à la même source.

Le chroniqueur protestant raconte qu'en 1586, avant la surprise d'Aubenas par Sanilhac, le sieur de Chambaud, gouverneur du Vivarais sous l'autorité du duc de Montmorency, avait fait diverses tentatives aux environs d'Aubenas. Une nuit, au mois de septembre, il fit forcer le fort que les ligueurs occupaient à Ailhou, « y faisant appliquer le feu et l'escalade, par lequel moyen ledit fort fut emporté et là moururent brûlés ou tués environ vingt soldats de l'ennemi. Au retour de là, il en fut fait autant de la chambre du curé de St-Etienne de Fontbellon que les ligueurs avaient fortifiée peu de temps auparavant. »

(1) Arnaud. T. I, p. 183.
(2) *Mémoires historiques sur le Vivarais*, t. III, p. 657 à 687.

La ville d'Aubenas, continue l'auteur du manuscrit, fut très affli-
gée en cette année 1586 par la disette, la maladie, les soulèvements
du peuple et les menées des ligueurs. Le capitaine La Rochette et
le cadet Niklot de Fons, revenant de Bays où était M. de Chambaud,
furent tués en descendant l'Echelette, au mois de novembre, par un
parti de ligueurs embusqués. En décembre, Chambaud fit une nuit
forcer la tour de Ville au moyen d'un boudin de poudre qui fit sauter
une fausse braye. La garnison se rendit et on y trouva mort Louis
Valeton, fils du juge, « qui avait feint quelque temps d'être de la
religion et en était devenu depuis un ennemi ardent. »

Après avoir raconté l'échec des ligueurs à St-Pierre de Barry, sur
le Coiron, et enfin la défaite beaucoup plus grave qu'ils éprouvèrent
à Montélimar, le chroniqueur protestant nous donne la version de
son parti sur l'assassinat des deux jésuites, le P. Salez et le F. Sautemouche (après la prise d'Aubenas en 1593) :

« Ici, dit-il, on doit répondre à une méchante calomnie dont les
jésuites ont chargé ceux de la religion, c'est d'avoir fait tuer de sang-
froid et cruellement un jésuite nommé Jacques Salez et son novice
qui se trouvèrent dans la ville, et ce pour avoir vaincu en dispute
des ministres entrés dans la ville après la prise. La vérité est que ces
bonnes gens tombèrent entre les mains de quelques soldats voisins
de la ville, qui avoient su comme ledit Salez n'avoit cessé de prêcher
séditieusement et contre le feu roi et le roi régnant dans Aubenas et
ailleurs, lequel toutefois n'avoit rien à craindre en sa personne s'il
se fût contenu modestement, puisqu'il étoit entre les mains de ses
ennemis, et s'il eût doucement attendu l'issue de toute cette affaire.
Mais, comme quelques-uns voulurent l'arraisonner, le lendemain de
la prise, dans la maison du baile la Faye, de la religion, qui s'em-
ployoit bien pour lui, afin de savoir sur quoi il fondoit sa mauvaise
doctrine, qu'il fût permis aux Français de se dispenser du serment
de fidélité et se bander et liguer contre le roi, lui, au lieu d'être mo-
deste et de se conformer aux maximes chrétiennes, se prit à invecti-
ver contre l'honneur du roi et ceux à qui il parloit, disant que le roi
de Navarre n'étoit pas roi de France et ne le pouvoit être, l'appelant
hérétique et damné, et que ceux qui lui faisoient service étoient
damnés. Cette audace, accompagnée de plusieurs autres traits amers,
réveilla en ceux qui l'oyoient la mémoire de discours séditieux qu'il
avoit auparavant tenus dans ses sermons, tellement qu'un soldat
dont je n'ai su le nom et qui est mort depuis, ayant trouvé le

moyen d'être seul avec lui, poussé d'un zèle toutefois bien inconsidéré, tua ledit Salez d'un coup d'arquebuse, et après tout aussitôt d'autres en firent autant à son compagnon. Ce n'étoit pas certainement un procédé louable, étant contraire au droit de guerre et à l'honnêteté, combien que si on eût fait le procès à ce boutefeu, par ses écrits mêmes, il y avoit plus que de besoin pour le faire mourir exemplairement comme criminel de lèse-majesté. »

La version du P. Odo de Gissey, imprimée à Toulouse en 1648, porte que trois soldats prirent Salez et Sautemouche dans la maison du juge Michel Vayren où ils logeaient, et les menèrent chez Bérenger de la Tour où était le commandant Sarjas. De là, ils les conduisirent ehez le juge Louis de la Faye. Là, trois prédicants vinrent disputer avec eux sur divers points de religion. Le ministre Labat, courroucé de se voir battu dans cette controverse, dit à Sarjas de faire descendre les Pères dans la rue et s'écria : *Dépêchez cela, c'est une peste !* Un soldat, refusant de les tuer, reçut lui-même un coup d'épée de Sarjas : les deux Pères se mirent alors à genoux et reçurent la mort courageusement.

D'une information, faite quatre jours après (le 11 février) par ordre des syndics du Vivarais, par devant M. de Chalendar, lieutenant principal, il résulte que les huguenots eux-mêmes ne furent pas moins indignés et affligés de ce crime que les catholiques. L'enquête établit les faits suivants :

Un soldat de Barjac tira au P. Salez un coup d'arquebuse qui lui fracassa l'épaule et le fit tomber. Dans cette position, il reçut un coup de dague en pleine poitrine de la main du même soldat, qui détacha un coup pareil au F. Sautemouche quand celui-ci essayait de faire à son ami un rempart de son corps. Sautemouche, blessé, se sauva dans la rue Trilby où était la maison de la Faye. Vidal Suchon, dit le Simple, de Vals, un soldat de Mercuer et Jacques Massis, dit Béolaïgue, aussi de Vals, le poursuivirent à coups d'épée et de bâtons ferrés, et ils l'achevèrent près du four de la ville, tandis que Jacques Beaume, boucher d'Aubenas, enfonçait son couteau dans la gorge du P. Salez. Les meurtriers dépouillèrent les cadavres des deux martyrs et se revêtirent dérisoirement de leurs soutanes, laissant leurs corps nus livrés pendant six jours aux outrages des passants devant le four de Jean Patissier, dans la rue Trilby. Il est à remarquer que l'enquête est muette sur le fait reproché au ministre Labat.

Henri Deydier nous apprend que le principal assassin, qui était de Barjac, et dont le nom est resté inconnu, eut les oreilles coupées et fut condamné aux galères.

Vidal Suchon fut considéré comme n'étant pas parfaitement sain d'entendement, et le sénéchal du Puy le condamna, le 4 mars 1595, à faire amende honorable en chemise, tête et pieds nus, la torche au poing, à être fustigé jusqu'au sang et banni à perpétuité. Il mourut complétement fou. Jacques Beaume fut accusé et non convaincu. Tout le reste de sa vie, il nia sa participation au crime, contrairement au témoignage de personnes dignes de foi.

A propos des violentes prédications du P. Salez, Henri Deydier fait la réflexion « qu'elles étaient, sans doute, déplorables, car elles entraînaient les ligueurs à des excès aussi répréhensibles que ceux des protestants, mais qu'elles déterminèrent Henri IV à se convertir, et sans cette conversion on ne peut savoir ce qui serait advenu de la monarchie. »

Redevenus maîtres de leur ville, les protestants d'Aubenas écrivirent à Théodore de Béze et aux pasteurs de Genève pour qu'un pasteur leur fût envoyé. On leur expédia Arnould Martin, le même précisément qui, six ans après, se convertit au catholicisme et engagea ses ouailles à en faire autant (1).

Le manuscrit Valeton expose longuement les embarras financiers et autres de la ville d'Aubenas après sa reprise par les protestants, les négociations auxquelles cet événement donna lieu et les circonstances qui empêchèrent finalement Aubenas d'être donnée aux protestants comme place de sûreté. Le roi, instruit par Lesdiguières et Montmorency, était très mécontent de la reprise de cette ville qui était une violation de la trêve. L'auteur dit qu'il ne put voir sans pleurer « l'horrible spectacle que lui offrit Aubenas, tellement victime des fureurs des assiégeants que, toute brûlée et détruite, elle est devenue une des plus misérables de France, sans qu'il y ait apparence que de longtemps elle puisse se relever à demi de sa chute. Les habitants d'Aubenas et la noblesse du pays députèrent à M. le connétable de Lesdiguières ledit sieur Valeton et le sieur Sanglier pour lui faire trouver bon le dessein qu'ils avoient exécuté sur la ville, que

(1) ARNAUD. T. I, p. 630. Les pasteurs d'Aubenas, pendant les guerres religieuses, sont : Colliod (1561), Ducoindeau (1562-67), Cabanel, diacre (1562), Lagrange (1571), Pierre de Labat (1583-1585), Adrien Chamier (1587), Arnould Martin (1594-1599), Jean de la Faye (1599-1601), Accaurat (1623-1628).

c'étoit pour le service du Roi, à qui ils feroient entendre leurs raisons si cela lui plaisoit. Durant ce voyage, le château se rendit à M. de Chambaud aidé de M. de Chaste. On députa le sieur Laborie, docteur, et le sieur Valeton à la cour, le Roi étant alors à Mantes, pour qu'il approuvât la prise d'Aubenas. Le sieur Valeton qui y fut seul, le sieur Laborie étant tombé malade en chemin, essuya beaucoup de dangers en chemin, n'y ayant pas alors de province où il n'y eut une armée pour le Roi et une autre pour la Ligue. Il trouva à Mantes le Roi sortant du logis de Mme de Beaumont, sa maîtresse, lequel, l'ayant renvoyé à son souper, entendit avec plaisir le récit de la prise miraculeuse d'Aubenas, mais M. de Lesdiguières ayant envoyé au Roi dans l'intervalle, le Roi changea bientôt de disposition. Ce fut dans ce temps que le Roi se fit catholique. Le capitaine Valeton étoit religionnaire, il revint peu satisfait ; mais M. de Chambaud, étant allé à la cour, fut plus heureux. »

Après la surprise d'Aubenas, Chambaud était arrivé avec une armée composée de 200 maîtres, 200 arquebusiers à cheval et 3,000 hommes de pied. Cette armée avait séjourné vingt-huit jours dans la ville pour amener la capitulation du château. De plus, les habitants étaient contraints de faire des gardes extraordinaires pour se garantir des surprises des ligueurs qui bloquaient la ville. Aussi la ville d'Aubenas eut-elle à payer une forte note à Chambaud, savoir : « 2,500 écus que celui-ci disoit avoir fournis pour la reddition du château, son état de gouverneur et durant six mois soldoyer deux compagnies de gens de pied, les soldats des garnisons du Pont, de St-Pierre et de la Bégude Blanche, qu'on avoit fortifiés de nouveau ; faire plusieurs voyages en cour ; voir M. le connétable de Lesdiguières ; aux assemblées ecclésiastiques, politiques et ailleurs voir gens qualifiés ; avoir toujours un député en cour poursuivant ledit aveu ; faire amas de grains et munitions ; fortifier et réparer portes, murailles et fossés ; la dépense de trois corps de garde. »

La ville avait de plus à payer, « en la recette du Vivarès, 8,869 l. 9 s. 6 d., sans compter 500 l. que le pays donna à l'Assiette tenue à Bagnols, tellement que, tous ruinés par le sac, rançon, pillage et pertes de plusieurs notables habitants en la prise et reprise, il fallut d'abondant engager tout le reste de leurs biens pour fournir à ces dépenses et emprunter plusieurs grandes sommes, faire des impositions du tout excessives à cette misérable ville. Ce qui se peut voir plus amplement par le compte de ladite année rendu par ledit Valeton, montant à 27,528 livres. »

Le 9 août 1593, le Roi adressait la lettre suivante « à nos chers et bien amés, les maire, échevins, manants et habitants de notre ville d'Aubenas » :

« De par le Roy.

« Chers et bien amés,

« Nous dépêchons présentement le sieur Pascal, conseiller en notre cour de Parlement de Normandie, par de là pour porter notre intention tant à notre cousin le duc de Montmorency que au sieur de Chambaud et à vous tous sur le fait de la reprise de notre ville d'Aubenas, à laquelle vous ne fauldrez d'obéir et vous conformer comme à chose qui n'a pas nous été avisée que pour votre plus grand bien et repos et pour obvier aux maux et désordres que ce fait pourroit attirer après soy. Prenez au reste toute assurance de la continuation de notre bonne volonté en votre endroit et croyez que nous ne désirons pas moins que vous-même votre conservation.

« Donné à St-Denis, le 9ᵉ jour d'aoust 1593.

« Signé : HENRI. »

La ville d'Aubenas parait être demeurée presque déserte à la suite de ces événements. A la fin, plusieurs familles des environs, dont les habitations et les terres avaient été également ruinées, vinrent s'y établir et contribuèrent à son repeuplement.

L'extrait suivant montre que la messe dut y être rétablie vers 1596 :

« En 1597, M. le marquis (de Montlaur) étoit retiré au Pont et M. Pilhoty commandoit en l'absence de M. Mathelet au château. Peu de temps auparavant, les papistes avoient été remis dans la ville avec la messe et lorsque le sieur Mathelet vint à la ville avec commission du Roi pour y commander, car de tout le temps que M. de Chambaud la tint, ni que M. Dupont de Baïx en fut dépositaire, il n'y en avoit point. M. le marquis n'aimoit point ses sujets de la religion. M. de Chambaud fut ingrat envers les Messieurs de Laborie qui l'avoient aidé à la prise d'Aubenas, il étoit trop méfiant. Le Roi avoit ôté le gouvernement d'Aubenas à M. de Chambaud pour le donner au sieur de Mathelet, à la sollicitation de M. le Connétable qui vouloit qu'on punît l'attentat de M. de Chambaud par la reddition de la place. »

Autre extrait se rapportant à la même année 1597 :

« L'assemblée de ceux de la religion se tenoit alors à Chatellerault, en laquelle on résolut de demander Aubenas pour ville de sûreté, ce qu'indubitablement on eût obtenu aussi bien que force autres places, si on avoit été de bonne intelligence. M. de Mathelet disoit que, si elle restoit aux Eglises pour ville de sûreté, il la vouloit, autrement qu'il la rendroit au propriétaire, et cette appréhension que les Eglises avoient faisoit qu'on la demandoit pour lui. D'autre part, les amis de M. de Chambaud disoient qu'on ne pouvoit sans lui faire tort bailler cette place à tout autre que lui qui l'avoit rédimée aux Eglises avec tant de peine et de trac de ses affaires. Ceux de la ville dépêchoient toujours à l'assemblée et en Languedoc de tenir bon et de demander la ville pour lieu de sûreté. Ce qu'ils promirent et assurèrent les habitants de rompre plutôt avec le Roi. D'autre part, M. le marquis craignoit que M. de Chambaud ne l'emportât et sollicitoit avec la noblesse du pays pour rentrer dans son château. M. de Chambaud obtint du Roi une commission pour rentrer dans le château. Il vint près d'Aubenas la faire voir au sieur Pilhoty qui refusa de le rendre sans une lettre de son cousin Mathelet. Ce qui fut cause qu'il l'attaqua, mais inutilement. »

Les deux grands chefs ligueurs du Vivarais (les barons de Tournon et de Montréal) avaient fait leur soumission à Henri IV, mais le second y avait mis pour condition qu'Aubenas serait rendu à Montlaur. La tranquillité paraît avoir régné dans la province à partir de la trêve générale du 23 septembre 1595. Montréal continua d'occuper quelques places du Vivarais et ne les remit qu'en 1600, en échange d'une indemnité de 35,000 écus que lui allouèrent les Etats du Languedoc.

En 1598, « Chambaud s'en retourna à la cour pour disputer avec M. Mathelet. Le connétable de Lesdiguières, qui n'aimoit pas M. de Chambaud à cause de son ambition, demandoit qu'Aubenas fût rendu à M. le marquis. Ces divisions firent qu'on le raya de la liste des villes de sûreté. Jusque-là les Edits de pacification l'avoient toujours accordé, et on en laissa le gouvernement à M. Mathelet. Celui-ci, d'intelligence avec le sieur Pilhoty, négocièrent pour le rendre à M. le marquis. L'assemblée des Eglises se tenoit à Nîmes au mois d'août. On y agita d'acheter le château dudit Pilhoty, moyennant 6,000 écus qu'on prendroit sur l'entretien des ministres, cette place étant le boulevard du Vivarais, la plus importante pour les Eglises et qui avoit mieux servi le parti, que sa perte entraînoit celle des Eglises. Il y fut décidé que le capitaine Valeton, député à cette assemblée, avec M. Ladreyt, consul de Privas, feroit la proposition desdits 6,000 écus aux sieurs Mathelet et Pilhoty, mais ceux-ci étoient entrés en pourparlers avec M. le marquis qui leur en douna 10,000 écus (1). Il rentra par là dans sa maison qu'il fit fortifier et munir de pièces de guerre et de gens armés qui y firent leur entrée en plein jour et mêche allumée..... »

VI

UNE VISÍTE ÉPISCOPALE (1599)

Le royaume ayant été enfin pacifié par le roi Henri IV, l'évêque de Viviers, Jean de l'Hôtel, vint visiter Aubenas. Le procès-verbal de cette visite est des plus intéressants pour l'histoire religieuse de ce pays. L'évêque arriva le 9 juin 1599 aux portes de la ville, venant de Vesseaux. Il fut reçu à cinquante pas hors des murs par le chanoine Maurizot, prévôt de Viviers et prieur d'Aubenas, accompagné de trois religieux (deux Jacobins et un Cordelier), « en procession avec la croix, auxquels assistoit le marquis de Montlaur, seigneur d'Aubenas. Ayant donc baisé la croix, continue le procès-verbal, ladite procession a commencé de chanter *Veni Creator Spiritus*, et chantant ladite hymne ladite procession, serions entrés dans ladite ville, et passant au milieu d'icelle, aurions vu l'église paroissiale (St-Laurent) toute ruinée et rasée, sauf le clocher, et continuant de cheminer ladite procession, serions arrivés à un grand chapelle, où de présent se fait le service divin, causant ladite démolition, où étant, après avoir fait et dit les prières accoutumées, révérend père le P. Christophe, jésuite, prédicateur audit Albenas, auroit fait une exhortation, laquelle finie, d'autant qu'il étoit jà nuit, aurions congédié le peuple, icelui avertissant de se trouver demain de grand matin à ladite église pour recevoir le saint sacrement de confirmation et entendre notre Messe pontificale que célébrerions. »

Le lendemain, jour de la Fête-Dieu, l'évêque confirme deux cents

(1) M. ARNAUD (t. I, p. 202) dit que Montlaur dut payer aux habitants d'Aubenas une indemnité de guerre de 100,000 écus. Il y a évidemment un zéro de trop.

personnes et préside à une procession solennelle, « sous un poële, étant accompagné des consuls et magistrats, etc. »

Après dîner, l'évêque ayant convoqué les régents et consuls modernes d'Aubenas, les magistrats et personnes notables, leur adresse diverses questions, après leur avoir fait prêter serment. « Que savent-ils de la fondation et consécration de leur église (de St-Laurent)? Qui est le prieur? Quelles charges a le prieur? Quel service leur est dû, quel se fait à présent? Quelles chapelles et autels sont fondés audit Albenas? Leurs revenus, charges, patrons et recteurs? Quelles reliques et indulgences? Quels meubles et habits sont en ladite église d'Albenas? Quels scandales peuvent être en ladite ville? Combien sont les catholiques? Et autres interrogats. »

On répond à l'évêque qu'on ne sait rien de la fondation de l'église ni de sa consécration. Le prévôt en est le prieur. Il doit tenir trois prêtres à Aubenas, lesquels doivent dire tous les jours les heures canonicales, mais cela ne se fait pas, et les régents requièrent l'évêque d'y pourvoir.

L'évêque ordonne incontinent que le prévôt rétablira l'office divin à Aubenas « en la forme et manière qu'étoit anciennement et comme il est tenu, dans deux mois, à peine de 100 écus, applicables, moitié pour ledit service, et l'autre moitié pour la réparation de l'église. »

La déposition des régents et notables continue ainsi :

« Ont dit qu'il souloit être fondé en ladite église trois vicairies qui n'ont aucun recteur ; la préceptorie de St-Antoine, aussi ny savent aucun recteur. Il y a à N.-D. des Plans, église proche dudit Albenas et dépendans d'icelui, deux chanoinies, desquelles ont dit être patrons les consuls modernes dudit Albenas, valoir de revenu environ 100 écus les deux, consistant ledit revenu en rentes et autres choses, desquelles en jouit un messire Jean Martin, prêtre, lequel, jaçoit il soit d'Aulbenas, ne fait résidence ni aucun service, et l'autre ont dit être vacante depuis quelques mois en ça.

« Ont dit qu'il y souloit avoir douze chapelles ou autels, fondés en ladite église, savoir, celle de la Magdelaine, St-Georges, St-Pierre et St-Paul, St-Claude, des Onze mille Vierges, Ste-Marguerite, St-Genès, Notre-Dame-des-Anges, de Turri, de St-Sépulcre, St-Michel, St-Claude et St-Christophe ; desquelles ont dit ne savoir ni le revenu, charges, patrons, ni recteurs, s'étant perdu, causant que ceux de la religion prétendue réformée l'ont toujours tenu et dominé jusqu'à présent ; toutefois ont dit que ledit Me Martin en a quelque mémoire, laquelle servira pour savoir en quoi consiste le revenu, nous requérant d'y pourvoir. »

Suit l'ordonnance épiscopale :

« Nousdit évêque avons ordonné et ordonnons que ledit Mᵉ Martin se présentera en personne devant nous, et fera actuelle résidence audit Albenas, pour y faire le service divin comme curé. — Ensemble aussi se présenteront en personne, avec leurs titres, les chanoines, recteurs desdites chapelles et autels, vicaires et précepteur de ladite préceptorie de St-Antoine, dans quinzaine, autrement, à faute de ce faire, avons déclaré et déclarons lesdites cure, chanoinies, rectories de chapelles, vicairies et preceptorie, vaquans et impétrables..... »

Les régents et notables reprennent leur déposition :

« Ont dit n'avoir aucunes reliques et indulgences à ladite église, les meubles d'icelle être seulement une grande cloche qu'est au clocher, de laquelle se servent et les catholiques et ceux de la religion prétendue ; un habit entier pour célébrer messe, une croix de cuivre et un tableau d'autel, ayant tous les autres meubles été pris par ceux de la religion, qui sont plus de la moitié audit Aubenas — et plus n'ont su du fait de leur église. »

L'évêque, après ces dépositions, retourne à l'église où il confirme environ deux cent cinquante personnes, et après vêpres, il va entendre la prédication du P. Christophe « sur la matière de la réalité du précieux Corps et Sang de N.-S. J.-C. », laquelle se fait au milieu de la place.

Le lendemain, il va visiter l'église de St-Etienne de Fontbellon, où il ne trouve aucun prêtre ni curé. « Ayant fait les prières pour les trépassés au cimetière de ladite église à icelle joignant, avons confirmé environ cinquante personnes, tant hommes, femmes que petits enfants, lesquels confirmés leur avons demandé quel est le curé qui jouit le revenu, et où sont les meubles de ladite église, étant ladite église toute découverte. Lesquels nous ont répondu leur prieur être M. le prévôt de l'église cathédrale de Viviers comme prévôt, ne leur faisant aucun service, ains sont contraints d'aller entendre messe en Albenas, n'y avoir aucuns meubles ni habits de ladite église. Et plus n'ont su de leur église, nous requérans d'y pourvoir. »

L'évêque ordonne que le prévôt rétablira à St-Etienne de Fontbellon le service divin accoutumé, dans le délai d'un mois, sous peine d'une amende de 100 écus.

VII

ÉTABLISSEMENT DES JÉSUITES A AUBENAS.

Le régime de la liberté des cultes, inauguré par l'Edit de Nantes, fut des plus favorables à la restauration du catholicisme qui avait tant souffert dans la contrée. Les Montlaur, seigneurs d'Aubenas, qui avaient eu tant à souffrir du fanatisme des religionnaires, mirent un grand zèle à la réaliser et ils trouvèrent dans les Pères Jésuites d'actifs collaborateurs.

Au commencement du XVIIe siècle, la ville d'Aubenas comptait à peine six maisons catholiques (1). Louis Guillaume de Montlaur, dans un voyage qu'il fit à Rome pour négocier le mariage d'Henri IV avec Marie de Médicis, demanda au général des Jésuites quelques Pères de la Compagnie pour l'extirpation de l'hérésie et pour l'éducation de la jeunesse, ce qui lui fut accordé en 1600 (2). Mais l'affaire n'alla pas toute seule. Voici comment Valeton, le chroniqueur protestant que nous avons déjà cité, raconte l'établissement des Jésuites à Aubenas et le rétablissement du culte catholique dans la contrée :

« Pour mieux travailler les pauvres infirmes, le marquis (de Montlaur), qui haïssoit ceux de la religion, se résolut d'avoir des sauterelles du puits de l'abyme qui sont les Jésuites. Pour cet effet, il fit venir de ceux du Puy et fit que tous les gentilshommes du Vivarais contribuèrent pour leur entretien et que tous les bénéfices vacants seroient pour eux, joint que pour leur établissement il se promettoit de leur faire donner la maison de M. de Joyeuse pour leur collège ; mais avant d'en venir là, il leur promettoit de faire entrer aux frais ceux de la religion par des voyes du tout illégitimes, car il disoit qu'il falloit les émouvoir à sédition afin d'en avoir un prétexte de leur faire de la peine. Pour cet effet, ils vinrent parquer tout joignant le temple, posent une croix à l'opposite d'iceluy et, venant en procession à l'heure du presche chanter à haute voix au devant de la porte, faisant souvent quitter le ministre de ses prédications, qui

(1) Dans le *Narré de la merveilleuse conversion des hérétiques à Aubenas*, signé : *Les habitants d'Aubenas en 1628*, il est dit qu'aux seconds troubles cette ville épousa si chaudement la prétendue réforme de Calvin, qu'il n'y resta que deux ou trois familles catholiques.

(2) Acte de fondation du collège.

étoit bien assez pour commettre un grand désordre. Pour raison de quoy, ceux de la religion eurent recours au Roi. — M. le marquis témoignoit sa mauvaise volonté aux habitants qui avoient fait sauter son père par les fenêtres et étoient cause qu'il avoit acheté si chèrement sa maison. Il vexoit en conséquence ceux qui lui devoient d'anciens arrérages, leur enlevoit leurs bestiaux, etc. En 1601, les commissaires de l'Edit de Nantes vinrent en Vivarais recevoir les plaintes de ceux de la religion sur l'exécution de l'Edit. Ils ne vinrent pas à Aubenas et se rendirent seulement à Villeneuve d'où, ayant mandé à ceux d'Aubenas le sujet de leur mission, ils gardèrent le silence. »

Lors de la réunion des Etats du Languedoc à Castres, le 1er février 1606, les protestants d'Aubenas avaient déjà envoyé un cahier de doléances, dans lequel ils se plaignaient des fortifications que Louis de Montlaur avait fait élever à Aubenas, en haine de leur religion, des confréries de pénitents établis en diverses villes, et des Jésuites qui levaient, disaient-ils, des contributions pour l'entretien de leur collège, aussi bien sur les protestants que sur les catholiques. Le Roi promit d'aviser au redressement de ceux de leurs griefs qui seraient légitimes.

Dans une assemblée tenue à Saumur, les religionnaires exprimèrent de nouvelles plaintes, et demandèrent, entre autres choses, que le Roi défendit aux Jésuites d'établir un collège à Aubenas, comme ils le projetaient, parce que ce lieu était rempli de religionnaires ; que le Roi leur défendit de prêcher là où le culte protestant était établi, parce que leurs discours étaient des causes de troubles, etc Henri IV répondit qu'il n'entendait pas qu'aucun collège de Jésuites s'établit sans sa permission et qu'il défendait à tous prédicateurs et ministres d'user d'aucuns termes tendant à la sédition.

Tant de personnes à Aubenas s'étaient jetées dans la Réforme qu'un établissement définitif de Jésuites dans le collège rencontrait une opposition qui, pour être sourde, n'en était pas moins violente. Mais elle fut vaincue par la persistance de Louis de Montlaur (1) qui, sachant la haine personnelle que les protestants lui avaient vouée, devait naturellement chercher à changer l'esprit du pays et à se créer des auxiliaires contre eux pour l'avenir.

En 1600 eut lieu la conversion d'Arnould Martin, un des plus ar-

(1) Henri Deydier, article *Montlaur*.

dents ministres calvinistes. Il écrivit, le 24 janvier 1602, aux consuls d'Aubenas pour les engager à ouvrir les yeux à la vérité qu'il avait aperçue (1).

Le 3 novembre 1601, le recteur du collège de Tournon, d'accord avec le P. Provincial, accorda au seigneur d'Aubenas une résidence de Pères Jésuites, dont la direction fut accordée au Père Gauthier, d'Annonay « pour réparer les ravages et les désordres qu'y avoit causés l'hérésie dans les esprits et dans les mœurs. » Cette résidence qui devint peu après un collège florissant, fut fondée par les Pères Charles Janin, Désiré Miottat, Antoine Fornel, Etienne Casenet, Charles Le Clerc, Jean Jaqueton et un frère coadjuteur. Le Père Gauthier se réserva la direction spirituelle de la ville d'Aubenas et de la banlieue. Il faisait ses sermons sur la place publique, et les auditeurs arrivaient en si grand nombre que le plus souvent on les comptait par milliers.

La confrérie du St-Sacrement fut établie, le 1er janvier 1602, à l'église St-Laurent, et c'est le marquis de Montlaur qui en fut le premier recteur.

Une ordonnance du duc de Montmorency, du 28 octobre 1602, statuant sur les difficultés survenues entre les protestants d'Aubenas et le baron de Montlaur, décida ceci :

« Les clefs de la ville seront remises aux mains du premier consul pour être gardées où l'on avoit coutume, sans aucun préjudice des droits du marquis et des habitants qui les feront valoir devant les commissaires députés pour l'exécution de l'édit de Nantes. Dans le cas où leur ordonnance porteroit que la maison commune doit demeurer en possession de ceux de la R. P. R purement et simplement, les Jésuites établis dans ladite ville prendront un autre local pour y faire leurs dévotions. Si lesdits commissaires n'accordent aux réformés la maison commune que provisoirement, par tolérance, en attendant qu'ils aient pu accommoder un autre lieu, après le délai fixé, ils laisseront la maison commune, et les Jésuites demeureront en celle où ils sont à présent. Et cependant nous ordonnons que dès a présent la cloche, mise par lesdits Jésuites près du lieu où lesdits de ladite religion font le prêche, sera ôtée du lieu où elle est et remise sous le couvert de ladite chapelle, faisant défense auxdits

---

(1) Archives du ministère des affaires étrangères. Fonds de France, n° 1626. Papiers provenant de Soulavie.

Jésuites de la sonner pendant que lesdits de ladite religion feront leur prêche ; le trou ou fenêtre, qui regarde dans ledit lieu, étoupé, et la croix mise au-dessus de la porte dudit prêche sera remise devant la porte de la chapelle desdits Jésuites, lesquels pourront continuer de prêcher sous la salle dudit lieu en attendant que l'église principale soit recouverte, ce qui se fera au plus tôt qu'il se pourra ; leur faisant défense, suivant l'édit, ensemble aux ministres de ladite religion, d'user en leurs prédications ou ailleurs, d'aucunes paroles injurieuses ou tendant à la sédition, à peine de la vie... »

Le nombre des Jésuites à Aubenas fut augmenté en 1603 et ils s'engagèrent à l'ouverture de deux classes de grammaire. Louis de Montlaur réussit d'autant plus facilement à faire comprendre les Jésuites d'Aubenas dans les lettres-patentes de septembre 1603, que ces Pères avaient déjà une espèce d'établissement dans Aubenas depuis le 12 février de la même année. L'acte du 12 février 1603 posa les premiers fondements de la dotation et de l'établissement des Jésuites à Aubenas. Louis de Montlaur leur promit quinze cents livres par an et un logement convenable.

Les Etats du Vivarais tenus au mois de février de cette année, au château d'Aubenas, car c'était le tour du baron de Montlaur, allouèrent à la ville cent écus pour faire réparer le pont, trente écus pour rebâtir l'église St-Laurent, trente écus au ministre protestant et autant aux Jésuites. Sur leur demande, les biens des confréries religieuses dans un rayon de quatre lieues autour d'Aubenas, furent attribués, en vertu d'un édit royal de 1575, à la dotation du collège de Jésuites.

Le 16 mai 1603, fête de la Pentecôte, Aubenas fut le théâtre d'une de ces manifestations religieuses qui montrent mieux que tout l'ardent et profond catholicisme de nos aïeux et font comprendre comment un pays devenu presque entièrement huguenot au début de la Réforme, put revenir en moins d'un siècle à sa foi primitive et redevint presque entièrement catholique.

« Ce jour-là, dit le chanoine de Banne dans ses Mémoires historiques, les Pénitents bleus de Chassiers et les Pénitents blancs de Largentière, joints ensemble, firent une immense procession à Aubenas, à l'effet d'y rendre grâce à Dieu de ce qu'il avoit permis que les Jésuites — religieux de très sainte vie et de très grande probité — fussent installés en ladite ville où deux des leurs avoyent esté martyrisés par les huguenots aux troubles ou guerres civiles dont le pays avoit été affligé. A cette procession y assistèrent plus de quinze mille personnes. Le seigneur de Chalendar de Lamothe, très brave et très vertueux gentilhomme de Vinezac, pria MM. du Chapitre de Viviers de lui donner quelques-uns de leurs membres pour rehausser la cérémonie, ce qui lui fut accordé. Ces Messieurs lui envoyèrent MM. Jacques Faure, Mathieu des Aubers et Louis de Cornillon, chanoines, le maître de musique Charles Valentin et deux enfants de chœur (dont l'auteur — de Banne — fut du nombre). On célébra la messe sous la halle de la place d'Albenas avec beaucoup de pompe et de magnificence, devant un grand nombre d'huguenots qui furent respectueux quoique défiants. Après la messe, le P. Gauthier, jésuite, fit le sermon en face de trois ministres confus et humiliés de cette imposante démonstration religieuse. »

La même année, les Jésuites firent construire leur collège à la maison du cardinal de Joyeuse, que M. de Montlaur, parent de ce prélat, leur avait fait donner (26 mai 1603), et au four de Larnas où ils bâtirent leur église, et ils ouvrirent les deux classes promises. Depuis un peu plus d'un an, ils étaient établis à Aubenas dans la maison Rigaud. En 1617, le pape leur abandonna les biens des trois couvents de Ste-Claire, des Dominicains et des Antonins détruits pendant les guerres religieuses. L'année suivante (septembre 1618), une nouvelle bulle pontificale unit au collège des Jésuites les revenus du prieuré de Ste-Croix (1). Enfin, la veuve du maréchal d'Ornano, Marie de Montlaur, en 1638, assura au collège des Jésuites une rente annuelle de dix-huit cent quinze livres, correspondant à un capital de trente-trois mille livres, et à ce titre peut être considérée comme la seconde fondatrice de cet établissement. Il résulte des lettres-patentes du général de la Compagnie de Jésus, du 28 juin 1644, qu'outre le sol et les revenus déjà accordés aux Jésuites d'Aubenas par Marie de Montlaur, celle-ci leur avait encore donné un très ample espace de terrain pour y construire plus commodément une église, des classes et les autres édifices (2).

Il y eut vers la fin du siècle dernier un procès entre la ville d'Aubenas et son seigneur, le marquis de Vogué, au sujet du collège. Le marquis, comme ayant droit des fondateurs (les Montlaur), avait fait

---

(1) A St-Pierre-le-Vieux. Ces revenus étaient affermés pour quatre ans, le 16 août 1521, au prix de sept cent vingt livres par an (Rochette, notaire).

(2) Dom JAUBERT. Article sur *Marie de Montlaur* dans le *Bulletin d'archéologie et d'hist. ecclés.* 1888.

un nouveau règlement qui confiait aux Cordeliers la direction de cet établissement.

Les raisons des deux parties sont longuement exposées dans deux Mémoires imprimés.

Le premier intitulé : *Mémoire pour la communauté d'Aubenas sur l'enregistrement des lettres-patentes concernant le collège de la même ville* (133 pages), imprimé à Toulouse en 1781, est de M. Espic, avocat d'Aubenas. Il soutient la thèse que ce collège doit son existence aux souverains, au pape, à l'évêque de Viviers, aux Etats du Vivarais, à la communauté d'Aubenas, bien avant 1638, où Mme de Montlaur, la veuve du maréchal d'Ornano, s'en fit proclamer la fondatrice.

La réponse à ce Mémoire est de M. Lacroix, avocat à Toulouse. Elle s'attache à démontrer que la maison de Montlaur, représentée alors par celle de Vogué, a fondé et doté le collège d'Aubenas, sans que la communauté y ait contribué d'aucune manière.

Henri Deydier rapporte qu'en 1603, Louis de Montlaur fit *exorciser* un enfant de deux ans par le curé d'Aubenas « Il est probable, ajoute-t-il, qu'*exorciser* est ici l'équivalent de *baptiser*, et qu'il s'agit de *l'exorcisme ordinaire* employé dans les cérémonies du baptême, plutôt que de *l'exorcisme extraordinaire* dont on faisait usage contre les démoniaques. Ce qui pourrait pourtant faire supposer le contraire, c'est que sur les registres de Largentière, on voit le curé Coronelle exorciser Anne de la Motte, fille de Guillaume, syndic du Vivarais ; cette cérémonie eut lieu le 2 février 1603, et le curé ajoute qu'Anne de la Motte avait été baptisée six mois auparavant. Sur les mêmes registres, on trouve Anne Bertrand, âgée de trois mois, exorcisée le 23 janvier, et Guillaume Avril, âgé de treize mois, fils d'un médecin, fut aussi exorcisé le 28 décembre. Le mot *exorcisé*, employé exceptionnellement dans ces trois occasions, doit indiquer des cas particuliers. »

D'après une note de Delichères, la ville d'Aubenas aurait délibéré, en cette même année 1603, de se faire catholique, et cette conversion se serait opérée instantanément.

VIII

NOUVELLE TRANSACTION ENTRE LE PRÉVÔT DE VIVIERS
ET LA COMMUNAUTÉ D'AUBENAS.

Avec le retour à l'état normal, le prévôt de Viviers, qui était alors messire Maurizot, avait naturellement revendiqué les biens et revenus du prieuré dont les troubles religieux l'avaient privé pendant si longtemps. L'affaire étant venue devant la chambre des requêtes du palais à Toulouse, les habitants furent condamnés en 1603 à payer la dîme selon la forme d'une transaction anciennement passée, « savoir de toutes sortes de grains et légumes au dizain, déduits au préalable les frais qui se font en moissonnant et despiquant iceux, et le vin au trentain, etc. »

Les régents d'Aubenas prétendant que « les habitants avoient été grevés comme non ouïs, » relevèrent appel en la cour du Parlement de Toulouse. Celle-ci, par un arrêt du 23 août, confirma le jugement, et par un autre arrêt du 7 avril 1604, en ordonna l'exécution.

Les régents présentèrent alors requête civile en la cour du Parlement. L'affaire allait être appelée, quand le prévôt Maurizot mourut. Son successeur, Charles Riffard, somma verbalement les régents de payer la dîme comme il était porté par ledit jugement et arrêts. Toutefois, pour en finir à l'amiable, il fut convenu entre eux verbalement de s'en remettre à l'arbitrage des sieurs Samuel Teissier et André Lambert, docteurs ès-droit, et c'est alors qu'intervint la transaction du 16 juin 1605 passée chez Lebornhe, notaire au Bourg Saint-Andéol. Ce document étant des plus importants au point de vue de l'état religieux et financier du prieuré et des églises d'Aubenas, nous le reproduisons presque intégralement :

« Les sieurs arbitres s'étant assemblés à Aubenas, par devant eux le prévôt et prieur demanda l'exécution du jugement, c'est-à-dire à ce que lesdits habitants fussent contraints de lui payer la dîme de tous grains et légumes au dizain, déduite la dépense qui se peut faire en moissonnant et piquant, battant le blé ; le vin au trentain ; foins, agneaux, cochons, lin, chanvre et laine comme étoit porté par lesdits arrêts.

« Disoient les régents et habitants d'Aubenas qu'ils avoient été grandement grevés par le jugement et arrêts, eux non ouïs et sans

avoir pu remontrer leur droit et débattre la transaction de 1308 pro-
duite par Maurizot, — car auroient mis en avant que ladite transaction n'a jamais été exécutée ni sortie à effet, mais avant et depuis
icelle, de toute ancienneté et de tel temps qu'on ne sauroit faire
apercevoir du contraire, ils n'auroient payé la dîme, savoir : des
grains que au quinzain, le vin au trentain, les agneaux et cochons
en la forme du présent, mais pour le regard des légumes, foins,
laine, fromages, chanvre, lin, oignons, ils n'en auroient jamais ouï
parler, ni payé autre chose, tellement qu'ils auroient prescrit la quotité prétendue par le sieur prieur ; par conséquent n'étoient tenus de
payer aucune dîme de légumes, foins, laine, fromages, chanvre, lin
et oignons. En admettant le dizain pour les grains, ils allèguent que,
vu les grands frais admis par les arrêts, cela seroit plus avantageux
pour eux qu'en payant au quinzain suivant l'ancienne coutume, et
encore faudroit ôter les semences parce qu'il ne seroit pas raison-
nable de payer la dîme d'une chose déjà dîmée l'année précédente.
D'ailleurs par ledit arrêt est porté qu'on ne payeroit de foin cueilli
aux prés faits avant ladite transaction, des fruitages, laine, chanvre
et lin que suivant l'ancienne coutume. Et, attendu que l'ancienne
coutume étoit de n'avoir oncques payé aucune dîme desdites choses,
ils n'étoient tenus de le payer à présent.

« Pareillement lesdits régents et habitants d'Albenas, tant en leur
nom que des habitants de Saint-Etienne de Fontbellon et de Notre-
Dame des Plans, disoient que ledit sieur prieur étoit tenu, suivant
l'ancienne coutume, d'entretenir neuf prêtres pour faire actuellement
le divin service et administrer les sacrements aux églises de Saint-
Etienne de Fontbellon, Saint-Laurent, Notre-Dame des Plans, avec
trois clercs pour y assister ; ensemble demandoient audit sieur
prieur la réparation desdites trois églises ayant été ruinées à raison
des guerres civiles advenues au présent royaume, et finalement disoient ledit prieur être tenu à l'hospitalité dudit Aubenas pour l'entretènement des pauvres.

« Le prieur répliquoit que la dépense qui se pouvoit faire pour
moissonner, battre le grain, ne pouvoit monter que un setier de dix
au plus, ce qui feroit dîmer au dizain, et ce sans rabattre aucune
semence, parce que ni arrêt ni transaction n'en font mention. Et pour
le regard des autres espèces, bien que la quotité ne fût spécifiée, toutefois cela se pourroit régler selon le droit commun par lequel le
dixiesme de toutes choses est dû, et par ainsi il pourroit demander

le dixiesme des autres espèces, ou à tout le moins un vingtain, comme du foin, et à ce l'offroit mettre. Et au regard du service de ladite église, ledit Riffard disoit et soutenoit ignorer y avoir eu par le passé plus de prêtres qu'à présent pour faire le service divin aux susdites trois églises, et se devoient lesdits habitants contenter des deux prêtres que ses devanciers ont tenus, l'un à l'église St-Etienne de Fontbellon et l'autre audit St-Laurent, et non plus grand nombre. Led. s^r prieur disoit ne pouvoir en entretenir davantage, attendu que les rentes et principal revenu desdites églises avant les troubles consistoient aux bienfaits des gens de bien, à telle sorte qu'au lieu que ses devanciers prieurs donnassent gages et salaires aux prêtres servant auxdites églises, ils en retiroient particulière commodité.

« Disoit aussi led. s^r prieur qu'il participoit pour l'entretien desdits prêtres aux offrandes des Nonnains, de l'église St-Antoine et St-Dominique (St-Laurent) et qu'en outre il tiroit tous les ans 80 jambons de pourceaux de rente dudit monastère de St-Antoine, tous lesquels émolumens cessent aujourd'hui par le moyen et à l'occasion des guerres civiles, quoique néanmoins ce fût le meilleur et le principal de son revenu ; la dîme dudit terroir et mandement dudit Aubenas est de si petite valeur qu'après avoir entretenu les susdits deux prêtres et payé les dîmes au Roi, il ne lui reste presque rien, combien que sa dignité de prévôt, comme la première après l'évêque, doit être accompagnée de suffisant revenu pour avec honneur pouvoir supporter les charges d'icelle. Disoit en outre led. s^r prévôt n'être tenu à l'entretènement du service divin plus haut que la congrue portion du revenu de sondit prieuré peut porter, laquelle de droit ne peut être qu'un quart, lequel est si petit qu'il ne sauroit être 50 écus. Et quant à la réparation des susdites trois églises, disoit pareillement le sieur prévôt n'y être tenu, attendu même que celle de St-Etienne de Fontbellon se trouve déjà restaurée, en telle sorte que commodément et sans injure du temps le divin service s'y peut faire et les parrochiens y être contenus, et celle de St-Laurent se trouve réédifiée, quant au presbytère d'icelle, qu'est tout ce à quoi ledit sieur prévôt pourroit être tenu de droit. Et finalement disoit aussi ledit sieur prévôt n'être semblablement tenu à la réparation de l'église Ste-Marie des Plans, attendu notamment que, quand il le seroit et son revenu le pourroit porter, telles réparations sont sans fruit, car tous les parrochiens d'icelle église peuvent aller ouïr le service divin en l'église St-Laurent qui est dans les murs d'Aubenas

plus commodément qu'à l'église Ste-Marie pour être hors les murs
de la ville et assez éloignée d'icelle, demeurant résidants tous lesdits parrochiens dans l'enclos de la ville, joint que l'évêque de son
autorité peut conjoindre deux paroisses en une, vu la modicité des
parrochiens et le peu de revenu d'icelles et pour autres semblables
raisons qui se trouvent en ce même fait. — Disoit en outre ledit s^r
prieur n'être tenu à l'hospitalité, attendu que sa dignité l'oblige à
résidence perpétuelle en la cité de Viviers, en laquelle il tient ordinairement hospitalité et par conséquent disoit n'être tenu à aucun
audit Aubenas.

« Les régents répliquant disoient que ledit sieur prévôt étoit tenu
à continuer même service que la coutume ancienne de neuf prêtres,
attendu la multitude des habitants auxdites trois églises et l'honneur
de ladite ville comme l'une des plus honorables de l'évêché. Et,
quant aux réparations desdites églises, ils disoient et soutenoient que
ledit prévôt y étoit tenu ; ils disoient que de présent l'église de St-
Laurent se trouve tellement ruinée et abattue que un tiers des catholiques de ladite ville n'y peut être contenu pour ouïr le service divin
et la parole de Dieu, — et pour celle de Ste-Marie des Plans disoient
ne pouvoir l'évêque, sans le consentement des parrochiens, unir
icelle à ladite église St-Laurent. Disoient aussi celle de St-Etienne
n'être couverte de tuiles à raison de quoi la pluie incommodoit par
dedans les paroissiens. Disoient aussi ledit sieur prévôt ne se pouvoit excuser sur la résidence en la cité de Viviers de l'hospitalité,
attendu que, comme prieur d'Aubenas, il doit supporter toutes charges nécessaires, entre lesquelles tient lieu l'hospitalité.

« Plusieurs autres raisons disoient les parties, ici omises à insérer
pour éviter prolixité. Enfin, les parties désirant arriver à un accord
adoptent la transaction suivante :

« Les habitants de la ville d'Aubenas et son mandement et des
trois paroisses de St-Etienne de Fontbellon, de St-Laurent et N.-D.
des Plans seront tenus de payer désormais au prévôt et à ses successeurs à l'avenir la dîme de tous les grains de froment, seigle,
orge, fèves, épeautre, avoine et millet au quinzain, et mis en gerbe
pour le regard du froment, seigle, épeautre et avoine que les agents
du prévôt seront tenus d'aller lever aux champs après la moisson et
mise en gerbe, desquelles lesdits habitants en prendront quatorze
et le prévôt la quinziesme.

« Pour les fèves, orge, millet, en prendra aussi le quinzain à la
quarte, en l'aire, après qu'auront été battus et nettoyés.

« Le prévôt renonce à toute dîme sur les légumes, laines, fromages, lin, chanvre, oignons et jardinage, mais, en considération de ce renoncement, on lui payera le 25ᵉ pour le vin, bien que les arrêts eussent fixé le trentain. On payera donc le 25ᵉ sur toutes les vignes, treilles, autaignes, basses et hautes, raisins et vendanges provenant desdites vignes et autaignes et autres vignobles, de quelque nom qu'elles puissent être appelées. Sur 25 charges, le propriétaire en prendra 20, puis sur les 5 restant le prévôt en choisira une. Les propriétaires seront tenus de porter à leurs frais ce 25ᵉ au lieu désigné par le prévôt dans le ressort des trois paroisses.

« On payera le foin au trentain. On payera ainsi la dîme des agneaux : de 4 et au-dessus, jusqu'à 6, un demi-agneau ; de 6 jusqu'à 14, un agneau entier ; de 15 à 17, un et demi ; de 18 à 23, deux ; de 24, deux agneaux et demi, et ainsi après à même proportion.

« Pour chaque truie nourrie dans les trois paroisses qui aura fait des cochons, on payera un pourceau par an pour la dîme, sauf que ceux qui nourriront des truies dans l'enclos de ladite ville d'Aubenas seront exempts de ladite dîme. Si les truies ne font que un, deux ou trois cochons, les propriétaires ne payeront pour ladite dîme que 2 sols 6 deniers, et de trois en haut payeront un cochon au prieur.

« Personne ne pourra enlever sa récolte des gerbiers ou des aires sans avoir avisé les agents du prieur.

« En ce qui concerne le service des églises, le prévôt et ses successeurs seront tenus d'entretenir à l'église St-Laurent deux prêtres suffisants et capables, l'un en titre de vicaire perpétuel, et l'autre servant de secondaire, pour y faire administrer le service divin et les saints sacrements, sans que ledit sieur prévôt soit tenu y tenir un plus grand nombre de prêtres.

« Pareillement sera tenu de pourvoir l'église de St-Etienne de Fontbellon d'un autre prêtre suffisant et capable à titre de vicaire perpétuel.

« Le prévôt reste entièrement déchargé de tous autres plus grands services auxdites églises que lesdits habitants ne pourront prétendre même en l'église jadis paroisse de N.-D. des Plans longtemps y a ruinée — considérant les grandes charges du prieur et le peu de revenu de son prieuré, n'ayant de quoi subvenir à plus grand service que desdits trois prêtres.

« Si lesdits habitants se trouvent avoir des titres, documents à leur pouvoir, concernant le bien et conservation desdites églises dépendant de la prévôté, ils sont tenus de les remettre au prévôt.

« Le prévôt n'est tenu à aucune hospitalité en la ville d'Aubenas ou son mandement, sinon en tant que sa charité l'y conviera.

« Les habitants déchargent le prévôt des réparations nécessaires que conviendra faire auxdites trois églises.

« Finalement a été convenu que les susdits Me Jean Barthélemy, régent d'Aubenas, autre Jean Barthélemy, bourgeois d'Aubenas, et Bernard Guaiffier, procureur général juridictionnel en la comté de Montlaur (ce sont les trois représentants d'Aubenas) seront tenus faire agréer et ratifier la présente transaction aux habitants d'Aubenas et de St-Etienne de Fontbellon dans huit jours, à peine de dommages. »

L'ÉGLISE SAINT-LAURENT.

Les catholiques et les protestants avaient longtemps pratiqué leurs exercices religieux dans l'église St-Laurent, qui leur servait à tour de rôle, à des heures convenues Le toit de cette église s'étant effondré, le service des deux cultes fut transporté dans la maison commune, et souvent sous la Halle ou Place Couverte. C'est alors que le roi, par un édit du 7 septembre 1612, enjoignit aux catholiques de faire couvrir leur église dans le délai de six mois, et aux protestants de construire un temple dans le même délai, avec défense aux uns et aux autres d'exercer, passé ce terme, aucun acte de culte, soit à la maison commune, soit sous la Halle. Les protestants, comme on le verra ci-dessous, firent, en conséquence, bâtir un temple en même temps que les catholiques faisaient réparer l'église St-Laurent. Ce temple fut rasé en 1627, après que le sieur de Brison, s'étant rendu maître de la tour de Vals, on eût établi dans Aubenas une forte garnison pour prévenir tout mouvement de la part des habitants.

En cette même année 1612 fut jugé en la cour des aydes de Montpellier le procès entre les habitants de la religion réformée d'Aubenas et les catholiques, pour raison de leurs dettes. Par arrêté du 14 avril 1612, les dettes de ceux de la religion furent liquidées à la somme de 6,764 livres, celles des catholiques à 4,221.

La peste sévit à Aubenas en 1614. Les habitants firent à cette occasion le vœu de se consacrer à S. Roch. Ce vœu fut publié solennellement en chaire le 19 juillet, le Saint-Sacrement étant exposé, par Claude de la Bastide, curé d'Aubenas, et confirmé par noble Baptiste d'Allard, maire perpétuel et juge d'Aubenas.

C'est ici le lieu de dire quelques mots de l'église St-Laurent et du clocher.

La vieille église St-Laurent a été rebâtie. Il reste de la précédente : le clocher, moins sept à huit mètres de la pointe (on dut se fatiguer de démolir), les sacristies et la chapelle de St-Clair. Il reste aussi la base de la façade qui dévie du reste de l'édifice : c'est un vieux mur qu'on utilisa pour la nouvelle construction.

M. Eldin, le curé actuel, vient de faire renouveler la façade de l'église St-Laurent, et il a été admirablement secondé par M. Tracol, l'architecte valentinois. Cette façade est de style roman. La simplicité de l'ornementation n'en exclut ni la grâce ni l'élégance. L'édifice, sauf les soubassements en magnifiques blocs de Ruoms, est en pierre de taille du pays. Cette pierre se prête assez facilement au jeu du ciseau pour les ornementations d'ordre secondaire ; pour les autres, frises, fleurons, armoiries, etc., on a dû employer la pierre de Châteauneuf plus accessible au travail délicat du sculpteur. A droite et à gauche des trois fenêtres en retraite, à vitraux peints, sont les statues de grandeur naturelle de S. Joseph et de S. Laurent. Cette église n'est pas sans valeur architecturale. La voûte hardie de la grande nef, le caractère des deux nefs basses ouvrant sur la première par des arceaux à plein cintre, au-dessus desquels courent des tribunes partant de la tribune aux orgues, ne manquent pas d'originalité. Des peintures murales, représentant les douze Apôtres, de grandeur plus que naturelle, décorent les côtés au-dessus des tribunes. Sous la demi-coupole, peinte en ciel bleu, pas trop constellé, qui recouvre le maître-autel, une grande fresque représente le triomphe de S. Laurent. Sur les bas-côtés, trois grands tableaux : Magdeleine au Désert, une Assomption et le Martyre de S. Laurent. Enfin, adossé à l'un des piliers de la grande nef, un Christ en croix, œuvre de Breysse, le berger-sculpteur du Béage, que bien des basiliques pourraient envier à l'église d'Aubenas (1).

La chapelle St-Clair, située sous le clocher, paraît être la chapelle monacale des premiers religieux qui desservirent l'église. Il est à remarquer que l'escalier du clocher qui y aboutit se reliait par un

(1) Journal *Patriote de l'Ardèche*, 25 janvier 1893.

passage, dont on voit encore des vestiges, avec la maison voisine (ancienne maison Bertoye), dont l'aménagement intérieur indique un ancien cloître. C'est probablement là que furent logés les premiers Frères Prêcheurs envoyés à Aubenas et c'est par l'escalier du clocher qu'ils descendaient à la chapelle St-Clair, d'où ils assistaient aux offices divins, tandis que le reste de l'église était ouvert à tous les fidèles. La rue qui entoure l'église au nord porte encore le nom de St-Dominique.

Plusieurs actes vers 1613 parlent de l'*église ruinée* de St-Laurent. Mais on dut se mettre bientôt à l'œuvre, car il est question dans d'autres actes de deniers imposés pour la réédification de cette église. Le notaire Perrier fut chargé de l'administration de ce fonds, dont la clôture eut lieu en 1624. Deux ans après, les régents donnaient à prix-fait au maçon Pierre Boulavert la construction de deux murs pour l'église St-Laurent. Boulavert fut chargé de pratiquer des meurtrières sur les portes de l'église pour leur défense. On sait que le pays était alors profondément troublé, ce qui obligea en 1629 le roi Louis XIII à venir faire le siège de Privas.

Les protestants bâtissaient en même temps leur temple dont le prix-fait fut donné en juillet 1614, mais les travaux ne commencèrent qu'en 1616 et ne furent terminés qu'en 1621. Le pasteur La Faye, qui touchait jusque-là 530 livres de gages, les vit alors réduire à 430 « à cause de l'état calamiteux de l'Eglise. » Il crut que c'était une manière de lui donner « un honnête congé » et déclara que si ses gages n'étaient pas ramenés à l'ancien taux, il se retirerait « où il plairait à Dieu de le conduire. » Le consistoire rétablit le chiffre primitif.

Il y eut à cette époque (1615) une tentative des protestants d'Aubenas pour établir dans leur ville un collège protestant. Une délibération fut prise à cet égard par le synode provincial de Vallon, mais elle resta sans effet à la suite d'une protestation du seigneur et des catholiques d'Aubenas qui dénoncèrent au roi cet acte comme contraire aux Edits et attentatoire aux droits de l'autorité royale et seigneuriale (1).

La grande cloche de St-Laurent avait été fondue en 1474 par Philippe, de St-Pierre-le-Vieux.

En 1517, on trouve une imposition de 20 livres pour faire *rabiller* le clocher que la foudre avait rompu. Un autre acte nous apprend que chaque habitant devait donner au sonneur 6 deniers.

(1) DRAUSSIN *Notes sur l'Eglise d'Aubenas*, dans l'*Eglise libre* (février 1888).

En 1548, le « *rologe* fut donné à rabiller à deux maîtres de Valence qui se chargèrent de faire une montre des jours et de la lune, » au prix de 70 livres. Pour faire peindre cette montre des jours et de la lune, on paya de plus 12 livres.

Cet horloge ayant été détruit pendant les guerres religieuses, en 1607, on en fabriqua un nouveau qui coûta 95 livres.

En 1555, le tonnerre abattit le sommet du clocher de l'église St-Antoine.

Le 10 février 1626, le tonnerre emporta la pointe du clocher et tout le dessus de la fenêtre de la cloche « et fit autres grands dommages audit clocher, horloge, église de St-Laurent et aux maisons circonvoisines, sans pourtant faire mal à aucun, même à la garnison qui était dans le clocher. » Au mois d'octobre, on répara l'horloge et on mit une roue pour remonter le contrepoids des demi-heures qui manquait.

En tête du registre de notaire de Jean Lafaïsse 1627 se trouve cette note : « Ce lundi, 1er novembre 1627, feste de Thossaintz, environ les 7 heures du matin, la grand'cloche du clocher de ceste ville s'est rompue en sonnans la messe. »

Un acte du 27 juin 1629 (1) précise l'état de l'église St-Laurent à cette date : c'est la fondation de Marie de Montlaur « pour l'entretien de deux prêtres séculiers à St-Laurent, qui devront célébrer tous les jours deux messes des trépassés » pour elle et feu son mari. Elle donne pour cela une rente annuelle de 312 livres 10 sols (c'est-à-dire la moitié d'une pension que lui doit la ville d'Aubenas, pour une somme de 10,000 livres qu'elle lui a prêtée en avril 1629, dans une nécessité très urgente). La donation est ainsi motivée :

«.....; Attendu qu'en ladite église il n'y a qu'un curé et un autre prêtre servant de vicaire, qui ne peuvent faire beaucoup de service en ladite église pour le peuple qu'il y a, et que c'est la seule paroisse de la ville, mesme qu'il ne s'y chante point de vespres ni matines que les jours des festes et dimanches, ce qui est grandement préjudiciable pour la Religion, mesme à présent que par la grâce de Dieu et depuis un an, il n'y a plus d'hérétiques et huguenots où il y en avoit si grand nombre que presque toutes les maisons de ladite ville en estoient infectées, et de telle sorte qu'ils avoient rasé toutes les églises de ladite ville, entre autres ladite église de St-Laurent, rebâtie depuis dix années par la charité en partie, et aux despens du-

(1) Dom Jaubert, *Marie de Montlaur.* — Bulletin d'histoire ecclésiastique, 1888.

dit feu seigneur mareschal et de ladite Dame, laquelle y a aussi donné les calices d'argent dorés, custodes et soleil pour porter le Saint-Sacrement, avec plusieurs parements d'autel, chasubles et autres habits, dont a été faict inventaire, et chargé les régents de la dite ville de la garde et conservation d'iceulx, par acte du 15e de mai dernier, et encore le 27e avril dernier, icelle Dame a donné à prix-faict de réparer le clocher de ladite église, que la foudre du ciel a rompu, et y faire une arcade, despans d'icelle, qui reviendra à près de 2000 liv., de laquelle est faicte donation à ladite église, au descharge de ladite ville, tenue et obligée à cela. »

En 1633, Marie de Montlaur ajouta à ses libéralités la somme de 18 livres 15 sols pour le luminaire des messes et une maison pour le logement des deux chapelains.

En approuvant ces fondations (5 sept. 1633), le prévôt de Viviers ajoute à la pension de 240 livres qu'il faisait au curé et au vicaire d'Aubenas, à raison de 120 livr. chacun, la somme de 60 livres à partager entre eux, à condition qu'ils « chanteroient chaque jour les heures canoniques, et aux susdits anniversaires (de la mort du maréchal et de la maréchale) la messe des morts avec les chapelains de fondation. »

Le 1er septembre 1653, fête de S. Gilles, on posa la grande cloche qui fut suspendue au *mitan* du clocher.

En 1663. le tonnerre endommagea le clocher et l'église.

Deux ans après, les régents payaient à Dupuy, fondeur de cloches de la Souche, 227 livres pour la fonte et refonte de deux cloches.

Le 2 juillet 1685, le tonnerre faussa l'horloge du clocher.

Au siècle suivant (dans la nuit du 28 février 1755), le toit de l'église St-Laurent s'écroula, sauf la partie qui recouvrait le mausolée d'Ornano. Plusieurs ordonnances furent rendues à raison des réparations que nécessita cet accident. Le bail des travaux fut passé à 16,000 liv., M. Leydier en fut nommé inspecteur à 6 liv. par mois. La communauté d'Aubenas, pour faire face aux dépenses, emprunta, en 1758, une somme de 7,300 liv. aux religieuses de Pradelles et de 4,000 à M. Ducros et à l'hôpital. Les travaux ne furent terminés qu'au bout de six ans et la dépense totale atteignit 19,000 liv.

Le pavé de l'ancienne église Saint-Laurent était un véritable cimetière. Chaque famille avait son banc sur son caveau. Quelquefois on vendait la place, et l'acte notarial indiquait les confronts avec les tombes voisines.

X

AUBENAS AU XVIIe SIÈCLE.

Revenons aux autres incidents locaux, suivant l'ordre chronologique.

Messire Jean Martin, curé de St-Laurent, étant mort en 1615, sa succession fut donnée, le 21 juin de la même année, sur la présentation du prévôt de Viviers, à un prêtre du diocèse d'Agde, nommé François Bertouin. De cette époque paraît dater la séparation des paroisses de St-Laurent et de St-Etienne de Fontbellon.

Les passions semblaient se calmer. On s'occupait de la restauration des églises démolies depuis 1562. Sur l'invitation d'un prêtre nommé Lafont, les catholiques d'Aubenas purent s'assembler, sans qu'il en résultât aucun trouble, pour l'érection d'une croix en fer supportée par une colonne établie sur un socle de marbre devant l'église St-Laurent.

Mais les événements de Privas, provoqués par le mariage de Paule de Chambaud, la dame du lieu, avec le baron de Lestrange, l'un des chefs les plus ardents du parti catholique, ramenèrent bientôt l'agitation puis la guerre dans la contrée.

Nous n'avons pas à entrer ici dans le récit de ces nouveaux troubles, qui font l'objet des *Commentaires du Soldat du Vivarais*, et nous ne ferons que relater quelques détails plus ou moins ignorés qui touchent aux questions religieuses.

L'exercice du culte réformé fut supprimé un instant à Aubenas en 1621, à cause de l'aide que les protestants de cette ville avaient prêté à ceux de Privas. Cette mesure fut l'objet de vives réclamations. M. Draussin signale, à la date de 1623, une requête des protestants d'Aubenas pour le libre exercice de leur culte, et autres points litigieux. Les catholiques répondirent. Il y eut réplique de part et d'autre. Les commissaires royaux durent donner raison aux protestants, car en cette même année Paul Accaurat devient pasteur d'Aubenas.

L'agitation générale du pays contribuait à aigrir les rapports entre les deux partis. Le pasteur Accaurat se plaint vivement en 1624 des vexations dont il est l'objet de la part des catholiques. L'année suivante, c'est le vicaire Bidon, de Vals, qui se plaint non moins vivement des vexations que les protestants, en majorité à Vals, font supporter aux habitants catholiques Bien que les écrivains protestants affectent de prêter une foi entière aux plaintes du premier en même temps qu'ils se montrent entièrement incrédules vis-à-vis du second, nous sommes fort disposés à croire que tous deux disent la vérité, attendu que le sentiment, sinon le nom de tolérance, était alors aussi inconnu d'un côté que de l'autre, et que les violences et abus de pouvoir, dès qu'on avait pour soi la majorité ou la force, paraissaient la chose la plus naturelle et la plus légitime du monde.

On peut signaler comme une éclaircie dans un ciel orageux, le fait qu'en février 1626, les protestants d'Aubenas ayant fait mettre une cloche à leur clocher, autorisèrent les catholiques à s'en servir, en attendant la réparation du clocher de St-Laurent endommagé par la foudre.

La question d'un collège ou d'écoles protestantes à Aubenas paraît être revenue alors sur le tapis. M. Draussin mentionne une délibération des habitants catholiques tendant à empêcher les réformés de mettre à exécution une décision du synode provincial d'Annonay qui avait voté 200 livres pour cet objet, à charge pour les protestants d'Aubenas de fournir pareille somme. L'auteur des articles de l'*Eglise libre* dit que, ne pouvant attendre aucune justice des Montlaur, les protestants d'Aubenas « furent naturellement conduits à pourvoir à leur sûreté par les moyens extra-légaux fort usités alors, la révolte. »

La tour de Vals fut livrée à Brison et la ville d'Aubenas faillit avoir le même sort. Par un hasard providentiel, une vieille femme entendit les propos des conjurés, et les autorités catholiques prévenues purent empêcher la trahison. Et c'est alors que d'Ornano, le beau-frère de la maréchale, arrivant furieux du Comtat, inaugura à Aubenas ce système de conversions par logements, qu'on ne saurait sans doute trop réprouver, mais dans lequel il est juste cependant de reconnaître un acte de précaution et, si l'on veut, de vengeance politique, encore plus qu'une mesure de persécution religieuse.

Le Livre de Raison des Lafaïsse (1) s'étend sur les tracasseries et violences que subirent les protestants d'Aubenas pendant cette période, et le pasteur Draussin a encore renchéri sur cette matière (2), oubliant toujours que la politique encore plus que la reli-

---

(1) Coston (baron de). *Bulletin d'Archéologie de la Drôme*, 1884, p. 98.
(2) Articles publiés dans l'*Eglise libre*, février 1888.

gion était en jeu, et que ses coreligionnaires, en pareille circonstance, ne s'étaient jamais fait faute des mêmes oppress.ons. Un témoignage piquant, et qui vient à l'appui de nos réflexions, est celui de Lafaïsse, un zélé protestant, sur le peu de religion des huguenots d'Aubenas. « Je ne m'estonne pas, dit-il, si Dieu nous a privés de sa parole, d'aultant qu'un an auparavant les événements, presque tous ne venoient au presche, pendant lequel, mesme ceulx du Consistoire, estoient dans le cabaret, dans une botique, ou se promenoient en la place, comme si la prédication leur eust esté en horreur, ne voulant rien bailler pour l'entretien du pasteur, ni ceulx qui devoient des legats (legs) aux povres, les payer, tellement que Dieu ne pouvoit rien faire de plus juste que de nous avoir tant à mespris, etc. »

Devant cette indifférence religieuse des soi-disant réformés, il ne faut pas s'étonner outre-mesure si les habitants d'Aubenas se déclarèrent catholiques en 1628, par une délibération prise en conseil général, comme ils l'avaient déjà fait en 1603, et si 151 chefs de famille réformés, nouvellement convertis, firent donation de leur temple à d'Ornano qui le transforma en écurie. On a vu au chapitre précédent cette conversion en masse confirmée par l'acte du 27 juin 1629, où il est dit qu'il n'y avait plus de huguenots dans cette ville depuis un an. Il est juste d'observer que la ville de Privas était tombée le mois précédent sous les armes de Louis XIII.

Après 1629, l'exercice du culte protestant fut rétabli à Aubenas à la suite des démarches de Lafaïsse, « mais nous ne pensons pas, dit M. Arnaud, qu'aucun pasteur ait jamais plus résidé à Aubenas, qui devint une simple annexe de Vals. »

M. Draussin ne trouve à signaler, pendant les vingt années qui suivirent, qu'un fait déplorable, la mort du prédicant Coyras (1631), « assassiné, dit-il, par les gens du château », et deux condamnations à une amende et à quelques mois de bannissement, pour réunion illicite. La question du libre exercice du culte à Aubenas était restée litigieuse : les protestants le réclamaient en invoquant certains Edits, et les catholiques soutenaient que ces Edits ne s'appliquaient pas à Aubenas (1).

Les Etats du Vivarais firent présent, en 1650, à l'église St-Laurent, d'un ciboire et porte-Dieu, du poids de trente onces et demie, pour remplacer la perte d'un semblable.

(1) On peut voir sur ce sujet les pièces de 1623 mentionnées par M. DRAUSSIN (Archives du département de l'Ardèche, C. 1537) et le dossier des protestants d'Aubenas aux Archives Nationales (carton TT. 259).

L'année suivante mourut messire Païs, curé de St-Laurent, et messire Pierre Lachave lui succéda, sur la présentation de Noyer, prévôt de Viviers. Cette présentation ne qualifie le bénéfice que de *vicairie perpétuelle* de l'église paroissiale de St-Laurent, mais M. de Simiane, vicaire général de l'évêque, dans son institution, le qualifie de *cure ou vicairie perpétuelle de St-Dominique maintenant St-Laurent*, et la même formule est employée dans tous les actes épiscopaux subséquents.

Nous ne voyons pas qu'Aubenas ait été mêlé en rien aux troubles, ou plutôt aux menaces de troubles, que suscita en 1653 l'expulsion d'un prédicant de Vals nommé Durand. Marie de Montlaur et son gendre, le comte des Rieux, s'étaient laissé entraîner par leur zèle religieux à une mesure d'intolérance dont la prudence de la cour et du comte du Roure, commandant militaire du Languedoc, empêcha heureusement les fâcheux effets. M. Draussin, qui semble avoir voué à Marie de Montlaur une haine personnelle, prétend que la visite de la maréchale à Vals dans cette circonstance eut pour résultat l'assassinat du pasteur Durand. Il n'y a qu'à lire l'ouvrage du pasteur Arnaud pour s'assurer du contraire.

Le nombre des protestants à Vals fut toujours depuis 1629 plus considérable qu'à Aubenas.

Dans un rapport confidentiel sur quelques ministres protestants en Vivarais avant la révocation de l'édit de Nantes, Aubenas n'est pas même nommé, et il est dit, au sujet de Vals, qu' « il s'y ramasse 5 à 600 huguenots (1). »

Un état des familles protestantes en Vivarais, dressé par le brigadier de la Devèze vers 1749, porte, pour l'arrondissement de Vals, ayant une lieue de circuit, 20 familles d'anciens catholiques et 290 de nouveaux convertis (2). Le nom d'Aubenas ne figure pas dans ce document, et sa population reste évidemment en dehors de ces chiffres, car autrement le nombre des familles catholiques serait de beaucoup plus élevé.

En 1658, il y a à l'église St-Laurent un curé et un vicaire perpétuel, et le second, qui s'appelle Guillaume Dalmas, représente au premier, nommé Jacques Terris, que, de toute ancienneté et selon l'usage de leurs prédécesseurs, le curé et le vicaire perpétuel vivaient

---

(1) *Chronique du Languedoc*, mai 1874.

(2) Manuscrit de la Bibliothèque de l'Arsenal (Histoire, 290).

ensemble en bonne intelligence dans la maison que la communauté leur baille pour leur habitation, et qu'en outre ils partageaient également tout ce que le prieur de la ville leur donnait sur les offrandes, baptêmes, mariages, enterrements et neuvaines ; qu'ils nommaient le clerc et faisaient les fonctions ordinaires de ladite église ; à l'égard de quoi les sieurs Païs et Tressand, leurs devanciers, avaient passé une convention, que l'exposant exhibe, en invitant le curé à l'exécuter et à lui donner conséquemment la moitié de ce que baille le prieur et des revenus de ladite église. Contre quoi Terris proteste (1).

Le curé Terris étant mort en 1666, l'évêque Louis de Suze nomma à sa place Pierre Teyssier, bachelier en théologie et prêtre du diocèse de Viviers.

Il existait à l'église St-Laurent une commanderie *(perceptoria)* du St-Esprit, destinée sans doute à recueillir des fonds pour l'œuvre du Pont-St-Esprit, à moins qu'il ne s'agisse d'une dépendance de l'œuvre hospitalière du St-Esprit qui avait son siège à Montpellier. Ce bénéfice était depuis longtemps vacant quand il fut donné, en 1664, à messire Gaspard d'Armand, prêtre du diocèse de Die, aumônier de l'évêque de Viviers, Mgr Louis de Suze.

Un acte de notaire (11 septembre) constate la mise en possession de messire Gaspard. Il y est dit qu'en vertu des provisions du pape et du visa de l'évêque de Viviers, on l'a fait entrer dans la chapelle de la commanderie qui est dans l'enceinte de l'église et sous le clocher du côté de la petite porte.

La conversion d'un protestant est signalée à la date du 28 février 1680 : c'est un nommé Marc Arnaud qui abjura ce jour-là entre les mains du curé d'Aubenas.

Il résulte d'un acte de Maurin, notaire, du 4 décembre 1680, que peu auparavant (mars 1677), en vertu d'une délibération prise par le bureau des pauvres, plusieurs filles pieuses d'Aubenas s'étaient réunies pour servir les malades de l'hôpital. Un autre acte donne leurs noms. La communauté leur fournit une subvention annuelle de 120 livres.

Un autre genre d'association féminine à Aubenas est mentionné par M. Deydier vers 1624. Elle avait pour siège la maison Valeton. Quand, après la mort de leurs parents, des demoiselles de bonne maison ne voulaient ni entrer au couvent, ni vivre dans la famille

(1) Registres de Maurin, notaire.

de leur frère aîné, où leur belle-sœur les réduisait presque à l'état de servantes, elles se réunissaient un certain nombre, louaient une maison, confondaient leurs misères légitimes et vivaient en commun, mettant ainsi en pratique une partie des principes socialistes modernes. Elles testaient en se donnant l'une à l'autre, de manière que la dernière survivante recueillait tous les héritages, et quelquefois cette petite fortune l'aidait à se marier, mais non pas à trouver le bonheur, car elle était ordinairement âgée ; on ne la prenait que pour son argent et une fois la noce faite, adieu les prévenances dont jusque-là on l'avait entourée pour la faire tomber dans le piège !

Dans l'intérêt des demoiselles d'Aubenas, Marie de Montlaur, maréchale d'Ornano, s'occupait activement de ces fondations. Elles pouvaient y trouver un refuge dans ces temps d'agitation et de guerres civiles où, d'ailleurs, les dispositions testamentaires de leurs parents leur laissaient à peine de quoi vivre. Si on ne peut mettre en doute que Marie de Montlaur ait employé son crédit et son influence en faveur de ces associations, rien ne constate qu'elle les ait aidées de sa bourse (1).

La révocation de l'édit de Nantes (1685) ne paraît pas avoir amené l'émigration de beaucoup d'Albenassiens. Dans un *Etat des biens des religionnaires fugitifs du diocèse de Viviers* (2) figurent seulement cinq noms d'Aubenas, parmi lesquels Jacques Reynet et Jean-Jacques de Barthélemy. Annonay est la ville qui fournit le plus d'émigrants (29), le Cheylard vient après (6), Vernoux et Aubenas (5). Toutes les autres localités donnent des chiffres moindres.

Un acte du 6 janvier 1692 nous apprend que l'Intendant de la province donna à l'hôpital d'Aubenas « le cimetière de ceux de la R.P.R. qui sont présentement nouveaux convertis. »

La ville d'Aubenas avait l'habitude de faire chaque année à l'autel de N.-D. du Puy une offrande de 7 sols 7 deniers.

(1) Deydier, *Noblesse et Bourgeoisie*, à l'article *Montlaur*.
(2) Archives nationales. TT. 244.

XI

Notre-Dame des Plans.

Au siècle suivant (13 juillet 1764), nous trouvons une sentence du sénéchal de Nimes rendue entre Me Laurent, vicaire perpétuel de St-Laurent d'Aubenas, messire Deydier, prévôt, les consuls et messire de Lamothe, curé d'Aubenas. Le sénéchal reçoit le désistement, donné par ledit Laurent, de sa demande à ce que le prévôt fût tenu de lui payer une congrue sur le pied de 300 liv., 50 pour le clerc, 50 pour les menues dépenses ; il relaxe ledit prévôt et, faisant droit à la demande de messire de Lamothe, le maintient dans le droit de prendre seul la qualité de curé vicaire perpétuel, avec tous les honneurs et profits, fait défense audit Laurent de prendre d'autres qualités et de signer que comme vicaire perpétuel secondaire.

Le prévôt Deydier eut à soutenir un autre procès de la part de messire Champalbert, curé de Rochecolombe. On a vu que St-Pierre-le-Vieux dépendait de la prévôté d'Aubenas. Or, Champalbert, appuyé par les habitants de St-Pierre, soutenait que cette église était un prieuré-cure et non pas un bénéfice simple. Le Parlement de Toulouse en 1778 se prononça dans ce sens. « Il est temps, après sept années de procès, disait le Mémoire de Champalbert et de ses paroissiens, de rendre aux habitants de St-Pierre leur curé et de leur donner un pasteur pour desservir l'église dont ils ont eux-mêmes, à leurs frais, relevé les ruines. » Ils produisaient des actes prouvant que St-Pierre-le-Vieux était paroisse au XIVe siècle. Champalbert gagna définitivement son procès en 1781 et mourut l'année suivante.

Une autre revendication qui fit beaucoup de bruit est celle de l'abbé Marze, de Marcols, censeur du collège d'Aubenas, qui, encouragé sans doute par le succès de Champalbert, s'avisa un beau jour d'impétrer en cour de Rome la cure de Notre-Dame des Plans, sous le prétexte que cette cure, éteinte en fait depuis deux siècles, ne l'était pas en droit, qu'elle était donc vacante et qu'on pouvait y nommer un titulaire. Le curé de St-Laurent, M. de Lamothe, rappela que, lors des guerres religieuses, la paroisse de N.-D. des Plans n'avait pas conservé un seul habitant par suite des ravages des parties belligérantes, tous s'étant réfugiés dans la ville d'Aubenas; il

soutint que la cure de N.-D. des Plans s'était ainsi trouvée virtuelle-
ment unie à celle de St-Laurent et il allégua l'ordonnance épiscopale
de 1599 comme étant une confirmation de cette manière de voir. La
cure impétrée par Marze n'était donc pas vacante, et c'est le curé de
St-Laurent qui, en fait et en droit, en était pourvu. Marze protesta
naturellement contre cette interprétation, et il en résulta un long
procès dans lequel la communauté d'Aubenas crut devoir intervenir
dans la crainte d'avoir à payer les frais de la reconstruction de l'église
de N.-D. des Plans, si la thèse de l'abbé Marze venait à être admise
juridiquement.

M. Dalmas, maire d'Aubenas, exposait au conseil municipal, le
23 février 1790, l'état de « cette fâcheuse affaire, qui, disait-il, après
avoir fait le tourment de l'ancienne administration, devient aujourd'hui
celui de la nôtre. » Il mentionne une lettre de M. Lissignol, l'avocat
de la ville auprès du Parlement de Toulouse, annonçant que l'affaire
va être jugée et exprimant des doutes sur son issue. M Dalmas fait
observer que, même en cas de gain de cause, la ville aura de gros
frais à payer, car ils ne pourront jamais être repris sur Marze. Il
avoue que l'argument basé sur l'ordonnance épiscopale de 1599 ne
paraît pas fondé.

Après lui, M. Delichères, procureur de la commune, donne son
avis. Il croit que la communauté a eu grand tort de prendre part à
un différend qui devait rester limité entre Marze, le prévôt et le curé
de St-Laurent. Il constate qu'à partir de 1599. il y a eu un curé de
St-Laurent indépendant de St-Etienne de Fontbellon, mais il n'admet pas plus que M. Dalmas l'union de la cure de N.-D. des Plans
à celle de St-Laurent, que l'on prétend faire découler de l'ordonnance épiscopale de Jean de l'Hôtel. La cure de N.-D. des Plans est
donc bien vacante, et l'abbé Marze était en droit de la demander.
Mais il fallait laisser la question se débattre entre Marze et le curé
de St-Laurent, car, si Marze l'emporte, le curé de St-Laurent dis-
paraît, la paroisse ne pouvant jamais avoir qu'un curé. Le prévôt-
prieur n'a rien à craindre non plus, car il n'aura qu'une seule congrue à payer, soit à Marze, soit à M. de Lamothe.

M. Barthélemy, avocat de la ville et qui avait suivi depuis longtemps la question, parle après Delichères et combat longuement la
manière de voir de ce dernier. Il considère comme fort sérieuse la
perspective de la reconstruction de l'église de N.-D. des Plans aux
frais de la ville, si Marze gagnait son procès. Celui-ci pourrait, de

plus, exercer des recours contre les acheteurs des biens de N.-D. des Plans. Quant à la congrue qu'il faudrait lui payer, le prieur n'entend nullement s'en charger et soutient que c'est affaire à la ville. Barthélemy rappelle que l'ancienne administration ne s'est pas embarquée à la légère dans ce procès et qu'elle ne l'a fait qu'après avoir pris au préalable l'avis de deux conseils renforcés. M. Delichères a mal posé la question. Marze ne s'est pas adressé à M. de Lamothe ; c'est au prieur qu'il a réclamé la congrue de la troisième église. M. Barthélemy, rappelant l'ordonnance de 1599, par laquelle l'évêque enjoint à messire Martin de faire sa résidence à Aubenas comme curé, soutient que c'est là une translation non pas formelle mais implicite du service divin de N.-D. des Plans à St-Laurent. Martin était bien le curé de N.-D. des Plans, car il ne l'était pas de St-Etienne de Fontbellon, comme le démontre le procès-verbal de la visite du lendemain, d'où il résulte qu'il n'y avait point de curé alors à St-Etienne de Fontbellon. Il rappelle aussi un acte de 1675 où il est dit que N.-D. des Plans, ci-devant desservie par trois vicaires, est ruinée et que le service qui s'y faisait a été confondu dans celui de l'église de St-Laurent.

Le conseil, frappé des raisons exposées par Barthélemy, décida d'approuver ce qui avait été déjà fait et de s'en rapporter entièrement à la prudence et au zèle de M. Lissignol pour les nouvelles mesures à prendre.

La Révolution vint bientôt délivrer la municipalité d'Aubenas de tout souci au sujet de l'affaire Marze Celui-ci avait été installé curé de N.-D. des Plans au milieu des ruines. Le procès-verbal de son installation se trouve à la cure du Pont d'Aubenas.

L'église de N.-D. des Plans était située, comme on l'a vu, en dehors des murs d'Aubenas, au-dessous du château. Voici sur l'ancienne topographie de ce quartier un extrait de Delichères qui se rapporte à l'époque où l'on commença la partie du chemin d'Aubenas à la Bégude, destiné à aller joindre la belle route de Mayres au Puy que venaient de faire construire les Etats du Languedoc :

« Ce chemin a été tracé et se continue depuis l'Airette jusqu'à Fontbonne et de là jusqu'au Chaufour de Mercuer. Comme cela apporte du changement au local, j'observe qu'il y avait sous le château d'Aubenas un grand chemin qui allait jusqu'à la porte des Dames, fait depuis environ quarante ans sur les ruines d'un ancien faubourg de la ville, lequel chemin a été de beaucoup exhaussé et élargi pour prendre le niveau. On allait par ce chemin au Pont au moyen d'un second qui faisait coude vis-à-vis la terrasse du château. On allait de la Croix de St-Antoine à Fontbonne par un chemin assez large. Aujourd'hui (1779), on se rend à Rocca par le chemin ou Calade qui va de la porte Notre-Dame audit Rocca. C'est l'ancien chemin. Au bas et à l'endroit où a été construite depuis environ six ans la maison du nommé Doulmet, il y avait une église appelée N.-D. des Plans dont les ruines subsistaient alors et dans les décombres de laquelle Doulmet a fait un jardin traversé par un sentier qui conduit à sa maison..... »

Il existe encore un mur de l'ancienne église qui sert de clôture à un jardin. Peut-être est-ce de ce nom de Doulmet que l'emplacement de cette église est connu aujourd'hui sous le nom de *La Dalmette*.

XII

LES BÉNÉDICTINES ET LES CLARISSES.

Le clocher de l'église paroissiale St-Laurent et les deux dômes de St-Benoît et du Collège, sont les trois points qui attirent d'abord l'attention de l'archéologue qui cherche les monuments d'Aubenas.

Le dôme de l'ancienne chapelle des Bénédictines est, à notre avis, le morceau le plus artistique du vieil Aubenas. Il est de forme octogone avec une fenêtre à chaque face. Ses formes élancées, le style élégant de la chapelle et le plan général de l'édifice font honneur au goût et au talent de l'architecte qui a présidé à sa construction.

Cette chapelle est aujourd'hui la Grenette municipale.

Le monastère des Bénédictines, dont elle faisait partie, avait été fondé par Marie de Montlaur, la veuve du maréchal d'Ornano, qui s'y retira vers 1645, après avoir renoncé à ses titres, en faveur de sa nièce, Anne d'Ornano, et y mourut le 27 janvier 1672, à l'âge de 88 ans. Une autre de ses nièces, Marie d'Ornano, y occupa le siège abbatial jusqu'en 1682 où elle fut remplacée par Marie Adhémar de Monteil de Grignan, la petite-fille de Mme de Sévigné. Le monastère paraît n'avoir été réellement terminé qu'en 1664. Il résulte d'un acte

de 1665 que Marie de Montlaur y habitait alors un quartier séparé
où elle avait sa maison particulière, son maître d'hôtel et d'autres
domestiques. Dame Anne d'Ornano, princesse d'Harcourt, y avait
aussi son appartement (1). Cette maison était destinée spécialement
aux filles ou femmes nobles. Les dames de la Villedieu y avaient
été transférées après la destruction de leur couvent. Ce monastère,
à en juger par les débris qu'un récent incendie a épargnés, était
construit dans de belles et larges proportions. La galerie du nord
est la seule qui soit encore à peu près intacte. Le monastère faisait
partie du système des fortifications de la ville, sur la route de Vals.
On jouit de là d'une vue admirable qui embrasse toute la plaine du
pont d'Aubenas et la ligne du Coiron jusqu'à Mézilhac. Le monastère est aujourd'hui la propriété morcelée de quelques pauvres
familles. Une grande partie est abandonnée depuis l'incendie.

Nous avons, dans un autre ouvrage (2), donné quelques détails
sur cette communauté, notamment sur ses dissidences avec la maison-
mère de St-André-le-Haut de Vienne, et sur son union avec l'ordre
de Cluny.

A côté de St-Benoît, de l'autre côté de la porte de N.-D. des Plans,
était le couvent de Ste-Claire fondé vers 1262 et dont nous avons
vu la transaction avec le prévôt de Viviers en 1296. Le personnel
des Clarisses d'Aubenas en 1456 était le suivant :

Vénérable et religieuse dame Brigitte Plansol, abbesse ; Clarette
Barbon, Marguerite Storofitt, Jeannette Champahnet, Jeannette
Veyradeyre, Béatrix Chardonal, Laurence Champahnet, Claudie
Bertrand, Alasie Manhane.

L'acte où se trouve leurs noms nous les montre réunies dans
l'église, suivant l'usage, au son de la cloche, formant chapitre, pour
donner une terre en accapt à Jacques Soulier.

En 1486, l'abbesse de Ste-Claire est dame Gabrielle de Lestrange.

Nous avons déjà vu que ce couvent ayant été ruiné au temps des
guerres civiles, les religieuses s'étaient dispersées. L'abbesse resta
pourtant à Aubenas, dans une maison particulière. Leurs biens
furent la proie des religionnaires.

Après l'établissement des Jésuites, le baron de Montlaur obtint de
l'évêque les biens de Ste-Claire pour accroître les revenus du col-

(1) Registres de Morin, notaire.
(2) *Quelques notes sur l'origine des Eglises du Vivarais*, t. I.

lège. Un arrêt provisoire de la cour des Aydes affranchit de tout impôt lesdits biens provenus de l'ancienne dotation.

Dans la suite, les Cordeliers revenus à Aubenas prétendirent que ces biens leur appartenaient, attendu que les Clarisses étaient de la même règle qu'eux ; mais le prévôt intervint et réclama les biens de son chef, en se fondant sur la transaction de 1296.

Pendant le procès, l'abbesse de Ste-Claire d'Annonay forma opposition à ces demandes et réclama elle-même. Les biens lui furent adjugés en 1649 et il fut ordonné que les Jésuites se désisteraient, avec restitution des fruits depuis l'instance.

Alors, les dames de Ste-Claire revinrent à Aubenas. L'arrêt de la cour des Aydes n'ayant été que provisoire, sur le procès, il intervint une transaction par laquelle les fonds de Ste-Claire furent convenus être sujets à la taille, sauf leur ancien enclos.

En 1659, nous voyons une Marie Gros, âgée de douze ans, reçue Clarisse, avec une dot de quinze cents livres.

L'année 1662 fut marquée par de graves difficultés entre les Clarisses d'Aubenas et l'évêque de Viviers. L'abbesse, Mme de Baronnat, écrivait, le 24 mars, à André Lafaïsse (un protestant), pour obtenir qu'il suppliât le prince d'Harcourt de protéger les Clarisses « contre la persécution de Mgr de Viviers », qui voulait les forcer à le reconnaître pour leur supérieur, ce qui, dit-elle, leur répugnait étrangement (1).

Elles se soumirent néanmoins puisqu'on les voit, dans un acte du 15 avril suivant, exposer que les Frères Mineurs ayant rejeté la supériorité qu'ils avaient sur leur monastère, elles nomment pour leur supérieur Mgr l'évêque. Le nombre des religieuses de Ste-Claire est à ce moment de dix.

L'intendant d'Aguesseau, en 1675, dit que ce couvent est fort pauvre, n'ayant que 6 à 700 livres de revenu.

En 1683, nous voyons une demoiselle Françoise de Croville, fille naturelle du prince d'Harcourt, seigneur d'Aubenas, entrer comme novice au couvent de Ste-Claire. Elle y est traitée sans doute avec des égards particuliers, car le notaire donne un peu plus bas le prix-fait d'un appartement à bâtir pour elle dans ledit couvent. En 1697, Françoise de Croville est parvenue au rang d'abbesse.

L'arrêt du conseil qui supprima les Clarisses, sous l'épiscopat de

(1) Coston. *André Lafaïsse*, dans *Bull. d'archéol. de la Drôme* (1884), p. 381.

Mgr Renaud de Villeneuve, donna lieu à divers incidents. Le Parlement de Toulouse, avant de l'enregistrer, ordonna qu'il serait fait une enquête de *commodo et incommodo*. Le curé de St-Laurent, M. de Lamothe, fut délégué pour cela et l'enquête, dit Delichères, composée de quarante témoins, démontra la nécessité et l'utilité de conserver cette maison. « Le nouvel évêque de Viviers, Mgr de Mons, vint à Aubenas quelque temps après. Il fit observer que la ville d'Aubenas, en s'opposant aux volontés du gouvernement qui voulait supprimer les Clarisses, se fermerait tout moyen de remplacer cet établissement par un nouveau et que la suppression n'en aurait pas moins lieu. On le pria de s'expliquer, et alors il déclara qu'en rendant son décret, il entendait conserver un revenu de 800 livres à la ville pour fonder une nouvelle maison, si la ville se prêtait aux vues du gouvernement. Ces espérances furent trompées. M. Chalmeton, curé d'Ucel, procéda comme commissaire à une nouvelle enquête qui annula la première ; tous les citoyens déposèrent contre leur conscience ; Mgr de Mons tarda longtemps à rendre son décret ; il attendait la mort de Mgr de Villeneuve qui, dès son élévation à l'évêché de Viviers, avait voué de l'inimitié à la communauté d'Aubenas trop lente à lui envoyer ses hommages. Après sa mort, le Parlement, avant d'enregistrer le décret épiscopal, ordonna une nouvelle enquête. La municipalité d'Aubenas négligea l'affaire, et tout se passa sans protestation ; après l'arrêt du conseil, Mgr de Villeneuve avait défendu aux dames de Ste-Claire de recevoir des novices. »

Les dames de Ste-Claire ayant été supprimées, le prévôt demanda en 1760 leurs biens ; mais la clause de la transaction qui les lui donnait dans le cas de l'extinction, fut regardée comme simoniaque et il fut démis de sa prétention.

La maison ou couvent de Ste-Claire fut vendue à l'époque de la Révolution et achetée par un maçon nommé Figeire. Cette maison est au quartier encore appelé Ste-Claire et a vue sur le Pont entre la porte St-Benoît et le quartier du Temple. Il en reste un portail de style roman, un puits dans la cour, un escalier en spirale et les murs de la chapelle, avec un bénitier en grès incrusté dans le mur. Sa voûte a disparu. Le propriétaire a trouvé des ossements sous le sol de la chapelle où est installé actuellement le moulinage Perge.

XIII

Les Dominicains.

L'ancien couvent des Frères Prêcheurs ou Dominicains fut fondé en 1264, par Pons de Montlaur, dont M. Edouard André, archiviste du département de l'Ardèche, vient de publier le testament, d'après le texte qui existe aux Archives départementales de Privas, dans un Cartulaire intitulé : *Livre des titres et papiers du couvent des Frères Prêcheurs d'Aubenas* (1). Ce Cartulaire, fait en 1643, contient la transcription de 149 actes en latin et en français, allant de 1264 à 1781. Parmi ces actes, on remarque :

L'acte de fondation du couvent ;

D'autres donations des seigneurs de Montlaur ;

Une exemption des francs-fiefs par le roi Philippe VI ;

Une transaction entre le prévôt de Viviers et le curé d'Aubenas touchant leur rang aux processions ;

Le dénombrement des biens acquis ou donnés au couvent depuis sa fondation jusqu'en 1397 ;

Des titres pour l'arrosage des terres de St-Pierre ;

Le testament de Pons de Montlaur ;

L'arrêté des comptes des legs faits par les ancêtres de Pons de Montlaur ;

La fondation de la maréchale d'Ornano en faveur des Dominicains ;

La transaction pour l'esplanade de Bellevèze ;

La fondation d'un cours de philosophie en 1680 aux frais de François de Lorraine, prince d'Harcourt et de Montlaur ;

Des testaments, donations, reconnaissances, accords, achats, fondations de messes, etc.

Un des plus anciens membres de l'ordre des Dominicains porte le nom de Pierre d'Aubenas et sa vie est ainsi racontée par un de ses contemporains, Gérard de Frachet, dans ses *Vitæ Fratrum* (2) :

« Frère Pierre d'Aubenas, qui couronna saintement et heureusement sa course après avoir été prieur et lecteur en Provence, a

---

(1) Archives départementales de l'Ardèche, H, 70.
(2) Extrait du chapitre XIII intitulé : *Les révélations particulières.*

a raconté qu'il était entré dans l'Ordre de la manière suivante : Il pratiquait la médecine à Gênes, lorsque les *pauvres de Lyon*, qu'on appelle les Vaudois, lui pervertirent tellement l'esprit, qu'il ne savait plus à qui se donner de préférence. Il inclinait pourtant vers les Vaudois qui résidaient alors publiquement dans cette ville, parce qu'il remarquait chez eux beaucoup de signes extérieurs d'humilité, de piété et d'autres vertus, tandis que les Frères lui semblaient trop gais et trop élégants. Un soir donc qu'il s'était fort tourmenté à ce sujet, ne sachant ce qu'il devait faire, il se mit à genoux, et pleurant à chaudes larmes, il pria Dieu de tout son cœur de lui révéler dans sa miséricorde comment il devait sortir d'une pareille incertitude. Après sa prière, s'étant un peu endormi, il lui sembla qu'il cheminait sur une route ; elle était bordée à gauche d'une forêt épaisse, où il voyait les Vaudois se tenant à l'écart les uns des autres, et portant la tristesse sur leurs visages ; et à droite, on apercevait une belle muraille très longue et très élevée ; il marcha longtemps en la cotoyant, et arriva enfin à une porte ; il regarda à l'intérieur et vit une prairie magnifique, plantée d'arbres, émaillée de fleurs et remplie d'une multitude de Frères-Prêcheurs. Ils formaient une couronne ; leurs visages joyeux regardaient le ciel et chacun d'eux tenait le Corps du Christ dans ses mains élevées. Comme ce spectacle le ravissait et qu'il cherchait à franchir la porte pour s'unir aux Frères, un ange qui en était le gardien se présenta et lui dit : « Vous n'entrerez pas maintenant. » Il se mit alors à sangloter, et s'éveillant à ce moment, il se trouva tout baigné de larmes, et se sentit soulagé de sa première tristesse. Peu de jours après, ayant été régler quelques affaires qui le retenaient, il entra chez les Frères-Prêcheurs. Je tiens ce fait et beaucoup d'autres de sa propre bouche, car il était très contemplatif, et après qu'il eût reçu l'habit, Dieu lui fit plusieurs révélations sur l'Ordre. »

Au chapitre XV intitulé : *Comment le diable attaqua violemment l'Ordre qui est son ennemi*, on lit entre autres traits :

« Pierre d'Aubenas, pieux et saint homme, était au couvent de Gênes et se livrait avec ferveur à la prière. Une nuit, il lui sembla voir, au-dessus du cloître et des autres parties du couvent, une troupe de démons qui y répandaient des odeurs infectes. Il vit ensuite une légion d'anges accourant pour les chasser et dissiper ces odeurs. Après eux en venait un qui parcourait les lieux avec un encensoir plein de parfums et remplissait la maison de la fumée la plus odoriférante. »

Echard, dans son ouvrage sur les écrivains de l'Ordre de Saint-Dominique, relève l'erreur d'Oldoïnus qui prétend que F. Pierre était d'Albenga en Ligurie, et non pas d'Aubenas, ainsi que celle de l'*Année Dominicaine* disant que F. Pierre mourut à Aubenas le 24 septembre 1250, en faisant observer justement que le couvent des Dominicains à Aubenas ne fut fondé qu'en 1266 (1).

En 1369, le personnel des Frères-Prêcheurs d'Aubenas était le suivant :

F. Etienne de Vesseaux, prieur ; Guillaume du Chaylard ; Bernard Martin, lecteur ; Armand de Pons, Jean Bonfils, Raymond de Salis, Pierre Bayonis, Barthélemy du Teil, Jean Pêcheur, G. Valette, Pierre d'Antraigues, Pierre Ayme.

Voici, d'après un acte du notaire Rochette, ce qu'il était en 1429 : Pierre Solet, prieur ; Guillaume Solet, maître d'écriture sacrée (magister in sacrâ paginâ) ; Jean Duval, Barthélemy Ayraud, Etienne Crosat, Pons Fonteil, Giraud Savin, Pierre Ayraud, Pierre Rossel, Raymond Gay, Jean Ayraud, Antoine Vincent, Jean Duteil, Jean Solar, Michel Blanc, Jacques Vigier, enfin Etienne Arnaud, laïque du couvent *(laïcus conventus)*. Il s'agit d'une vente faite par ces religieux, le 13 octobre, à un nommé Fabre, de Vogué. Les Dominicains lui cèdent, au prix de 80 moutons d'or, tous les biens (terres, maisons, jardins et devès) qu'ils possèdent au mas de Chasis, depuis la rivière d'Aillou jusqu'à la chapelle de St-Curt à Vogué.

En 1448 a lieu une transaction entre les Dominicains représentés par Antoine Vincent, *père claustrier*, et les héritiers de la noble famille des Clenchin, d'Aubenas, au sujet de nombreux legs anciens et nouveaux faits par les Clenchin.

La même année, noble Hugon Julien, de Largentière, reconnaît devoir aux Dominicains 9 florins résultant d'un legs, plus 2 livres pour dépenses occasionnées au couvent. C'est Claude Alut, de Largentière, qui reconnaît la dette au nom de Julien et répond du payement. Le couvent donne quittance à Julien qui s'engage à rembourser Alut.

Un acte de 1501 est relatif à la rivalité des églises au sujet des sépultures. F. Antoine Herme, prieur des Dominicains, se présente à

---

(1) Voir aussi sur Pierre d'Aubenas une notice de DAUNOU dans l'*Histoire littéraire de la France*, t. XVIII p. 534. Daunou, après avoir résumé l'article de Gérard, dit : « Ces particularités ne sont pas très rigoureusement vérifiées, mais nous nous abstenons de les éclaircir, parce qu'après tout il n'existe aucun écrit de ce religieux. »

messire Valentin Colombier, vicaire du curé d'Aubenas, et expose que Delphine Dupont, veuve de Guillaume Valeton, morte sans testament, doit être inhumée, en vertu de dispositions antérieures, dans l'église des Dominicains où est déjà enterré son mari. Il demande donc la remise du corps *ad hoc*. Herme le renvoie au prévôt. Les témoins de cet acte sont Louis de Montlaur, seigneur de Maubec, Claude Chambon, juge d'Aubenas, Me Jean Rochette, notaire, et plusieurs autres.

Un incident du même genre se produit en 1517. Me Bernardin Sanglier, procureur fondé de M. de la Tour, prévôt, réclame des Dominicains la fille de Guigon Dupont qu'ils ont fait enterrer dans leur église, contrairement aux arrangements faits entre eux (1).

Le 22 septembre 1513, un Chapitre est tenu par les Frères-Prêcheurs, réunis selon l'usage au son de la cloche, en vue d'une procuration à donner. Le personnel du couvent est ainsi composé : F. Pierre Rieu, prieur ; messire Bernard Armand, professeur en page sacrée ; Frères André Alverghas, François Chambon, Barthélemy Vincent, Jean Ranc, Pierre Duchier, André Felgon, Etienne Rochegude, Jean Taupenas, Antoine Chevrier, profès, et Georges Tourre, novice ; lesquels représentant et formant la majeure et la plus saine partie du couvent, tant en leur nom qu'au nom du couvent et des autres Frères absents, après une exposition verbale de l'affaire faite par le prieur, donnent leur procuration générale et spéciale au Frère André Alverghas, à l'effet de lever, de récupérer et exiger de puissant seigneur Claude de Montlaur, chevalier, seigneur de *Salafocto* en Auvergne, la somme de 200 livres tournois, due aux Frères et au couvent par ce seigneur, pour fondation de messes dans l'église des Frères-Prêcheurs d'Aubenas, comme il résulte d'un acte dressé par le notaire Allègre.

On a vu plus haut (2) qu'en 1562, les protestants d'Aubenas avaient décidé la destruction au moins partielle des quatre couvents des Cordeliers, des Clarisses, des Dominicains et des Antonins (3), et qu'en 1617 le pape abandonna aux Jésuites les biens de ces trois derniers. Il est évident que l'œuvre de destruction était restée incomplète en ce qui concerne le couvent des Dominicains, puisque ces religieux y revinrent quand l'ordre fut rétabli et y sont restés jusqu'à

(1) Registres de Malholier, notaire.
(2) Page 35.
(3) Page 55.

la Révolution. Une délibération de la ville d'Aubenas du 24 juin 1629 nous apprend que Marie de Montlaur abandonna la moitié d'une rente annuelle de 625 livres (due pour les intérêts d'une somme de dix mille livres prêtée à la ville dans des nécessités urgentes) « au couvent de St-Dominique et des Pères-Prescheurs d'Aubenas, pour y pouvoir entretenir six religieux célébrants Messe, où il y a peine d'en nourrir quatre qui sont à présent audit couvent, du revenu qu'il y a. » L'autre moitié de cette rente fut donnée par la maréchale à l'église de St-Laurent pour l'entretien de deux prêtres (1).

L'ancien couvent des Dominicains, occupé depuis 1818 par les Dames du St-Sacrement, est situé entre l'hôtel Barri et la porte Valeton. La promenade de l'Airette a été établie sur le jardin des moines. On assure qu'il existait un passage souterrain entre le couvent et l'extérieur, à travers les fortifications. Une rue voisine s'appelle encore la rue des *Chantaïres* (des Chanteurs).

XIV

CORDELIERS ET ANTONINS.

Les Cordeliers étaient à l'autre extrémité de la ville, dans les bâtiments qui forment l'hôpital actuel, comme l'indique le nom de Frères-Mineurs laissé à la rue où se trouve la maison Ruelle. L'église de l'hôpital n'est autre que la chapelle de l'ancien couvent et l'on peut voir à côté le large corridor, avec fresques au plafond, où les moines se promenaient et où prennent maintenant leurs ébats les fillettes confiées aux sœurs de la salle d'asile. Au-dessus de ce corridor était une galerie couverte en planches, comme un hangar.

La chapelle de l'hôpital possède plusieurs tableaux qui paraissent provenir de l'ancien couvent de St-Antoine, mais où nous avons vainement cherché le nom de l'artiste. L'un deux représente saint Antoine ermite, avec son compagnon aux droites oreilles, et l'autre saint Antoine de Padoue. Le tableau du maître-autel représente

(1) DOM JAUBERT. Article *Marie de Montlaur* dans le *Bulletin d'archéol. et d'hist. eccl.*, 1888.

saint François d'Assise. On remarque encore deux tableaux de dimensions moindres représentant, l'un, l'Adoration des Mages, et l'autre, la mort de saint Joseph.

Il y a deux petites chapelles, en entrant dans l'église : celle qui est à droite est dédiée à sainte Anne, patronne de l'hôpital, et l'autre en face, à saint Antoine. Celle-ci a hérité de l'ancienne clientèle des Antonins, et beaucoup de personnes y déposent encore, surtout lors de la fête du Saint, des corbeilles de salé qui sont distribuées aux pauvres de l'hospice.

Le cardinal Pasteur, évêque d'Assise, puis archevêque d'Embrun, et enfin revêtu de la pourpre en 1350, n'était autre qu'un pauvre berger des environs de St-Etienne de Fontbellon, recueilli et élevé par les Cordeliers d'Aubenas (1).

Les archives départementales de l'Ardèche possèdent aussi un registre contenant de nombreuses copies collationnées d'actes de donations et autres concernant les Cordeliers d'Aubenas.

L'ancien hôpital de Ste-Anne, que mentionnent les actes du XVe siècle, était établi dans les bâtiments qui bordent la rue actuelle de l'hôpital à droite en montant. Ils furent achetés par M. Charrier, puis par M. Dabrigeon. La chapelle est occupée en partie par la boutique Dabrigeon qui donne rue Ste-Anne, et l'on y voit encore la place du bénitier. Au-dessus de la chapelle étaient les chambres des malades desservies par un long corridor.

On sait que l'établissement des Antonins était situé du même côté, mais *extra muros*, et la porte qui y conduisait en a gardé, ainsi que le quartier où elle se trouve, le nom de St-Antoine. On nous permettra de consigner ici quelques notes nouvelles recueillies par nous sur la commanderie des Antonins depuis la publication de notre étude sur ce sujet (2).

Valbonnais (*Histoire du Dauphiné*, II, 119), publie un acte passé *apud Albenacium in domo Hospitalis beati Anthonii in aulâ supra vicum*, le 17 février 1302 *in die Dominicâ Carnis privii novi*. Par cet acte, Humbert, dauphin du Viennois, donne en fief à Guillaume de Plaisian, chevalier des lois *(legum militi)*, tous ses droits de seigneurie majeure sur le château de Vinsobres, en sorte que le donataire aura la prééminence sur tous les seigneurs et pariers de ce

(1) Voir la Notice sur le cardinal Pasteur dans notre *Essai historique sur le Vivarais pendant la guerre de Cent-Ans.* — Tournon, Parnin, 1890.
(2) *Bulletin d'archéologie et d'histoire ecclésiastique,* 1888.

château. Les témoins de l'acte sont : Hugues Adhémar, seigneur de Montélimar et de la Garde ; Allaman du Puy, seigneur de Reliane ; Guigon de Miolans, chanoine d'Embrun.

« La date de cet acte, dit Valbonnais, est remarquable. Elle sert à fixer le temps où commençait *Carnis privium novum et vetus*, c'est-à-dire le commencement du Carême qui a varié dans les siècles passés. Anciennement, dans l'Eglise latine, il était limité à l'intervalle de six semaines qu'il y a depuis la Quadragésime jusqu'au jour de Pâques, qui, en retranchant les dimanches, ne faisait que 36 jours de jeûne. C'est par le dimanche proprement que commençait le Carême qui, par cette raison, s'appelait *Carnis privium vetus*. On crut dans la suite que ce temps ne satisfaisait pas à l'institution du Carême qui demandait quarante jours complets. Pour y remédier, on prit quatre jours dans la semaine qui précédait le dimanche de la Quadragésime. Ce ne fut pourtant pas la pratique de toutes les Eglises ; quelques-unes, comme celle de Milan, ne voulurent pas admettre cette réforme, qui a pourtant été suivie par la pluralité des Eglises, qui depuis le IXᵉ siècle l'ont fixée au mercredi précédent. Mais comme c'est à la semaine entière qu'on rapporte le mot *Carnis privium*, le dimanche qui en est le premier jour a été nommé *Carnis privium novum*, comme en fait foi l'acte en question. » Notre dimanche gras répond parfaitement, en effet, d'après les supputations faites, à la date de tous les anciens actes indiquée sous cette forme.

Hugonet ou Hugues Adhémar, seigneur de la Garde et coseigneur de Montélimar, avait été fiancé en 1280 avec Sibille, fille d'Aymar de Poitiers, comte de Valentinois. Il fut l'héritier (avant 1294) de la baronnie de Montauban (située entre le Valentinois, le Diois et le Comtat-Venaissin) ; mais, effrayé des dettes que laissait Ronsolin, le dernier seigneur de Montauban, il céda peu après cette terre au dauphin Humbert. Celui-ci paya les dettes, et on voit, le 21 août 1302, Hugues recevoir, à raison de la cession, une somme de 5,929 liv. petits tournois, des mains d'Allaman du Puy, chevalier, et déclarer avoir reçu, en outre, 2,000 livres du grand maître de Saint-Jean de Jérusalem, tous deux payant pour le Dauphin. Comme il y eut beaucoup d'oppositions faites sur cette succession, à raison de legs pieux, on peut supposer que le choix du couvent des Antonins d'Aubenas, pour passer l'acte ci-dessus, se rapporte à quelque obligation de ce genre, concernant soit l'établissement d'Aubenas, soit l'ordre de St-Antoine. Notons ici en passant que le marquis de Satillieu, l'homme le plus instruit cependant des choses du Vivarais au commencement de ce siècle, ignorait si bien l'existence des Antonins d'Aubenas, qu'en mentionnant l'acte en question, il ne peut pas admettre qu'il s'agisse d'Aubenas en Vivarais, et se croit en présence d'un nom estropié.

Allaman du Puy, seigneur de *Relianæ* (ailleurs *Relanatæ et Cornillane*) — Reillanette, au diocèse de Die — figure dans beaucoup d'actes relatifs aux grandes affaires du Dauphiné.

Guillaume de Plaisian, l'objet des générosités du Dauphin, est celui qu'on retrouve comme commissaire du Roi, seigneur de Vinsobres et chevalier, dans l'assemblée des délégués des communautés du Languedoc, tenue le 6 août dans le couvent des Frères-Mineurs, à Montpellier, pour protester en faveur de Philippe-le-Bel contre le pape Boniface VIII. C'est aussi lui qui fut chargé de négocier, en cette même année 1303, la soumission temporelle des évêques de Viviers à la Couronne de France et qui signa la convention de 1305, laquelle, du reste, ne fut ratifiée par le Roi qu'en 1307, avec quelques modifications. Ce personnage figure enfin le 31 mars 1307 à la conclusion du traité de partage des dons et offrandes pour le Pont-St-Esprit entre le prieur de St-Saturnin et les recteurs de l'Œuvre du Pont.

Le 26 juillet 1515 a lieu une prise de possession de la commanderie de St-Antoine d'Aubenas, au nom de F. Amédée de Haut-Villaret, chanoine de St-Antoine de Vienne.

D'autre part, c'est noble Jean de Rochemure (*de Ruppemoria*), que nous trouvons en cette même année 1515, commandeur des commanderies d'Aubenas et de Béziers.

Le 15 mai 1516, Jean Dupont, marchand d'Aubenas, donne au commandeur de St-Antoine, F. Jean de Rochemure et à ses successeurs audit bénéfice, une vigne, à la charge de certaines messes qu'il fonde dans la chapelle de l'église Ste-Anne en ladite église St-Antoine. Trois autres religieux de St-Antoine sont présents à cet acte.

Dans le registre de Rochette de 1540 se trouvent beaucoup d'actes concernant le commandeur d'alors, Jean de Gibbertes, au sujet de terres données à un nouveau cens. Au registre de 1541, nous voyons une quittance de F. Antoine de Colans, religieux et procureur de F. Antoine de Pira, commandeur de la commanderie de St-Antoine d'Albenas, donnée à noble Jacques Chambon, bachelier en droit, seigneur de Larnas, juge du Vivarais.

En 1573, l'assemblée générale du pays de Vivarais, tenue à Privas au mois de mai, accorde à noble Eracle de Montlor, commandeur de la commanderie de St-Antoine, d'Aubenas, « en considération qu'il se contient en paix avec ceux de la religion réformée, la jouissance des fruits et revenus de ladite commanderie, auquel effet le bail qui a été fait par les commissaires et députés du pays sera nul. » La même assemblée renouvela l'ordre de remettre aux enchères tous les biens ecclésiastiques qui avaient été baillés à vil prix.

Le 21 mars 1613, Rodeyron, comme ayant charge du prieur-commandeur de St-Antoine, donne « le prix-fait d'une chapelle au plus bas membre de dessous le clocher qui est en l'église St-Antoine. »

Le 16 janvier 1658, le P. Rajat, recteur du collège des Jésuites, autorise le P. Pacifique Delanoix, gardien des Cordeliers, à faire dire des messes tant qu'il lui plaira, pendant deux ans, dans la chapelle de St-Antoine, hors les murs, et à recevoir les offrandes des fidèles, moyennant 6 livres par an.

Le 4 juin 1661, les Frères Cordeliers d'Aubenas cèdent aux Pères Jésuites diverses terres. Ceux-ci leur donnent en échange d'autres terres acquises en 1653 de l'abbé de St-Antoine, « ensemble et comme un pur don la chapelle de St-Antoine avec l'enclos et chemin, mais sous la réserve des pensions et fondations y attachées. »

La maison de Fontbonne avait jadis appartenu en grande partie à la Communauté des Antonins. Elle fut acquise vers 1760, avec le domaine entier, par Aubert, inspecteur des domaines du Roy et la dame des Bonnauds.

XV

ÉVALUATION DES BIENS ECCLÉSIASTIQUES DE LA RÉGION D'AUBENAS EN 1790.

A la suite des décrets de l'Assemblée nationale sur les biens ecclésiastiques, deux experts (J.-P. Serret et J.-J. Mestre) furent nommés, l'un par le Directoire du district du Coiron, l'autre par la municipalité d'Aubenas, à l'effet de procéder à l'estimation des biens nationaux compris dans une soumission de la municipalité du 5 septembre. Ces experts firent leur rapport le 30 novembre. Voici un aperçu de ce document qui se trouve à la mairie d'Aubenas :

BIENS SITUÉS DANS LA PAROISSE D'AUBENAS

Biens des Frères-Prêcheurs : le couvent, église, etc., est estimé 9,541 livres ; le second corps de bâtiment, où il y a cour, grenier, hangar, 2,395 ; jardin et pré contigus auxdits bâtiments, clos de murs, 14,787 ; une pièce de terre au terroir de la Plaine, 5,316 ; une vigne à Bazac, 963 ; un champ à Bazac, 899 ; une pièce de terre sous l'Airette, appelée la Coste de Belvèze, 1,033 ; un bois de châtaigniers, au terroir de Lamourier ou Malfré, 1,241 ; un champ à la Coste de Notre-Dame, 282 ; autre champ à la Coste Vianèse, 812 ; une vigne au terroir du Lac, 2,384 ; une vigne à Chadaran, 200 ; deux terres labourables au terroir de St-Pierre-le-Vieux, 5,427 ; diverses rentes foncières, 13,913 ; autre rente, 77 ; rente de 8 sétiers 5 pots de vin, 207 ; un bois de châtaigniers près Fontbonne, 122.

Le total pour les Frères-Prêcheurs représente donc un capital d'environ 60,000 livres.

Biens des Frères Cordeliers : maison, église, etc., 9,039 livres ; champ de mûriers aux Blaches, appelé l'Enclos, 6,939 ; vigne au Bournol, 897 ; deux petits champs de mûriers avec une grotte jadis chapelle, au terroir de St-Antoine, 632 ; un pré à Tartary, 4,665 ; rentes constituées, foncières et obituelles, 23,353 ; une rente de vin, 76.

Total pour les Cordeliers, environ 46,000 livres de capital.

Biens des Dames de St-Benoît : leur couvent avec église, jardin, basse-cour, etc., 9,775 livres ; vigne aux Chaussades, 2,703 ; pré au terroir des Faisses, autrement appelé Bos-Frezat, 4,034 ; une rente avec droits casuels de certaines rentes, seigle et vin, 670 ; rentes constituées, 22,527 ; petite rente foncière, 6.

Total pour les Dames de St-Benoît, environ 40,000 livres de capital.

Biens jouis par le Séminaire du Puy du fait de l'ancien prieuré de Goudet : bois chênes et châtaigniers, au terroir de Montargues, 1,914 livres ; terre herme, au terroir des Garabis, 146 ; autre terre herme à Nuelle, 147 ; id. à la Teulle, 140 ; diverses rentes avec droits casuels, 3,206. Total : environ 5,500 livres de capital.

Biens ayant appartenu aux P. Chartreux de Bonnefoy : rente annuelle de vin et avoine, évaluée 2,006 livres de capital.

Rentes avec droits casuels que percevait le prieur de Vesseaux à Vesseaux ou à St-Privat: évaluées 264 livres de capital.

Biens dépendant de la chapelle St-Michel et St-Vidal: évalués 800 livres de capital.

Biens jouis par le curé d'Aubenas: un champ appelé Champ de l'Obre et deux petits prés au terroir de Rocca, un autre à la Coste Notre-Dame, le tout estimé, avec les droits casuels, à 6,462 livres ; une rente de 12 sétiers de vin que le prieur décimateur d'Aubenas percevait à St-Etienne de Fontbellon, évaluée 273 livres de capital.

Biens dépendant de la chapelle St-Clair: une maison à Aubenas, rue des Ollières, 1,126 livres ; pré, vigne et jardin, situés près de l'église de St-Etienne de Fontbellon, 1,410 ; une rente foncière évaluée 600 livres.

Biens jouis par le recteur de la chapelle des onze mille Vierges: rente foncière évaluée à 3,675 livres de capital.

Biens jouis par le recteur de la chapelle St-Jacques et St-Philippe: une terre à Rieupotier, 4,077 livres.

Biens de la chapelle St-Claude: un champ à St-Rome, 1,697 livres; vigne et herme à la Teulle, 1,248.

Rentes du prieur d'Ucel à Aubenas, avec les droits casuels, 139 liv.

Rentes de la chapelle de Rocca et de la Bruyère, avec les droits casuels, 670 livres ; une maison dans la rue de Barri à Aubenas, 1,403 ; une rente constituée de 312 livres (capital évalué 4,687 livres) ; rente foncière de 100 livres évaluée 1,500 livres.

Biens jouis par le recteur de la chapelle de la Nativité: une terre à St-Didier, 1,310 livres ; autre terre à Rieuchaulet, 5,156.

Biens jouis par les religieuses du Bourg-St-Andéol et Pradelles, comme étant aux droits de l'abbaye de Ste-Claire : cinq rentes ou pensions foncières se portant au total de 1,087 livres, laquelle somme doublée quinze fois comme bien de 3ᵉ classe, forme un produit en capital de 16,305 livres ; un champ à Bois-Frejat, 614.

BIENS NATIONAUX

SITUÉS DANS LA PAROISSE DE MERCUER

Biens jouis par les religieux des Chambons: le domaine du Crouzet (une maison et deux moulins, bois, etc.), autre domaine appelé le Gleizal ; les deux domaines donnent une rente de 527 livres 18 sols dont le capital au denier vingt-deux comme bien de 1re classe se porte à 11,613 livres 16 sols ; diverses rentes avec droits casuels, 3,546 livres.

Biens jouis par les religieux de Mazan : le domaine du Cheylard affermé 1,065 livres, évalué 10,783 livres ; autres rentes, 8,638 ; ferme appelée le *Curadou,* dont jouit le curé de Mercuer, 775.

Biens ayant appartenu au prieuré d'Ucel, au terroir de Mercuer : pré de la fontaine de St-Loup, 710 livres ; pré et jardin, 3,046 ; rentes dépendant du prieuré d'Ucel dans la paroisse de Mercuer, évaluées 3,144 en capital.

BIENS NATIONAUX
SITUÉS DANS LA PAROISSE D'UCEL

Biens jouis par le prieur d'Ucel à Ucel : 9,075 ; diverses rentes évaluées 5,991 en capital.

Biens jouis par les religieuses de Bellecombe : un domaine au terroir de la Chavade (dans les paroisses d'Ucel et St-Privat), 3,564 ; rentes à Ucel et St-Privat, évaluées 186 livres en capital.

Rentes du prieur d'Ucel à St-Privat : 2,356 ; autre terre, 568 ; autre terre, 725 ; vigne appelée la Bourrette ci-devant jouie par le recteur de la chapelle des Costes, 1,702.

Biens dépendant de la chapelle du St-Sépulcre : vigne, bois, 1,656 ; autre champ à Mieussac, 509.

XVI

L'ANCIEN FORT ET LE CHATEAU MODERNE.

L'ancien fort d'Aubenas n'était pas construit sur l'emplacement du château moderne, qui sert de mairie. Les vestiges en existent encore dans les masures du château vieux et dans les bâtiments de Ste-Claire et de St-Benoît, restes des châteaux de Montgros et de Géorand, qui n'avaient été eux-mêmes que les débris du fort primitif.

Les restes du château vieux dominent les restes du couvent de

Ste-Claire, et nulle part l'expression ruines sur ruines ne vient plus naturellement sur les lèvres.

Il ne reste de l'habitation des premiers seigneurs d'Aubenas que quelques vieux murs et un bel escalier en spirale où grimacent des figures de pierre. La principale locataire du manoir est une malheureuse femme qui paye cent francs par an de deux chambres et de l'étable et qui trouve naturellement ce loyer exagéré, vu que, si l'on est assez bien en été, dans cette antique demeure, on y est malheureusement en hiver exposé à tous les vents.

C'est dans ce quartier que perchait l'ancien bourg d'Aubenas, dont l'enceinte et les murs sont encore reconnaissables ; il s'étendait au-dessous du fort jusqu'à l'église de N.-D. des Plans. La partie d'Aubenas où est le château moderne ne prit quelque développement qu'au commencement du XIIIe siècle.

Il faudrait, du reste, se garder de croire que le château moderne était, du temps des Montlaur, ce qu'il est aujourd'hui. Les anciennes constructions ont disparu sous les nouvelles. Il faut entrer dans la cour du château pour retrouver la façade et l'escalier primitifs. Le grand escalier actuel, ainsi que la tour du levant, ont été construits seulement au siècle dernier par les marquis de Vogué qui avaient acquis du prince d'Harcourt la baronnie d'Aubenas. Cette tour n'est pas du même style que son aînée, et l'on peut même remarquer que le donjon ne se trouve pas exactement au milieu.

Les archives de la mairie d'Aubenas ne contiennent que fort peu de documents. Un registre du notaire Demars renferme les délibérations de la communauté du 29 août 1549 au 23 novembre 1563 : c'est la pièce la plus précieuse de ces archives ; la traduction à l'encre rouge de l'écriture du temps, qui se trouve dans les interlignes des actes importants, est de la main de Delichères. Il faut sauter plus d'un siècle pour retrouver la suite des délibérations municipales d'Aubenas ; elles ne reprennent qu'à l'année 1684 et se continuent jusqu'à nos jours. On peut voir, dans la salle du secrétariat, deux vieux portraits de Marie de Montlaur et du maréchal d'Ornano, à côté des portraits plus modernes de deux anciens maires, MM. Mathon et de Bernardy, bien connus par les services qu'ils ont rendus à leurs concitoyens.

Un fait piquant à rappeler dans les circonstances actuelles se trouve consigné dans un parchemin que possèdent les archives de la mairie d'Aubenas. A la veille même de la Révolution, le 6 juin 1787, lè Parlement de Toulouse rendait un arrêt qui maintenait la ville d'Aubenas en possession du droit d'élire ses consuls, droit que lui contestait le marquis de Vogué.

Sur la terrasse du château, est une ancienne couleuvrine qui peut servir à mesurer les progrès accomplis par l'artillerie moderne de M. Krupp, celui que le poète allemand Feuerbach appelle le grand pourvoyeur de la mort.

De cette terrasse, on a juste en face de soi le col de l'Escrinet et l'on peut, par certaines belles soirées, apercevoir la lanterne de la diligence au moment où celle-ci débouche de ce côté, venant de Privas. L'on peut même, si le vent est favorable, entendre les grelots des chevaux. De ce point au col de l'Escrinet, il ne doit guère y avoir que six kilomètres à vol d'oiseau, bien qu'il y en ait dix-huit par la grand'route.

* *

Nous nous proposions d'ajouter à cette vieille Chronique religieuse d'Aubenas quelques notes sur l'époque révolutionnaire ; mais nous n'avons déjà que trop dépassé les bornes imposées à un article de Revue, et il suffira de consigner ici qu'après Louis-François Chalendar de la Mothe, curé d'Aubenas de 1747 à 1791, il y eut pendant fort peu de temps dans cette ville un curé constitutionnel nommé Enjolras (1), et qu'enfin au rétablissement de l'ordre, la cure d'Aubenas échut à Charles de Fontaine, mort en 1827, à l'âge de quatre-vingts ans. La mutilation du mausolée d'Ornano, dont on peut voir les débris dans l'église St-Laurent, remonte au mois de décembre 1792, et elle eut lieu à la suite d'une délibération de l'assemblée électorale du district du Coiron qui demandait son entière destruction à la municipalité d'alors.

Trois grandes maisons religieuses pour l'instruction primaire ont été créées à Aubenas depuis la Révolution. Ce sont : le noviciat des Frères Maristes, le couvent de St-Régis et le couvent de St-Joseph. Nous n'insisterons pas sur les services que ces établissements rendent à notre pauvre pays. Tandis que tant de gens semblent acharnés à la destruction de tous les principes qui rendent les hommes

(1) Voir notre étude intitulée : *Un Juge de paix de l'Ardèche pendant la Révolution*, dans la *Revue du Vivarais* (1893).

honnêtes et les Etats puissants, ces humbles religieux et religieuses, ces *pauvres fourmis du bon Dieu*, comme nous les avons entendu appeler, travaillent, sans se plaindre et sans jamais se lasser, malgré tant d'odieuses tracasseries, à conserver les biens qui nous aideront tous, et leurs persécuteurs eux-mêmes, à supporter les orages d'un avenir prochain.

Il y a dans les manuscrits de Delichères des passages fort curieux sur la résistance, active ou passive, mais toujours invincible, que les innovations antireligieuses de son temps rencontraient auprès des populations — passages d'autant plus intéressants que l'auteur de ces observations était l'un des chefs du parti jacobin dans l'Ardèche. On peut s'étonner qu'intelligent et instruit comme il l'était, il n'eût pas plutôt reconnu l'iniquité et la folie d'une entreprise qui témoignait d'une si profonde ignorance du cœur humain. Mais ne peut-on pas s'étonner encore davantage de voir la même tentative reprise aujourd'hui, quoiqu'avec des formes moins brutales, par des hommes à qui l'on peut évidemment reprocher, beaucoup plus qu'aux anciens légitimistes, de n'avoir rien appris et rien oublié ?

Valence, imprimerie Jules Céas et fils.

www.ingramcontent.com/pod-product-compliance
Lightning Source LLC
Chambersburg PA
CBHW052154090426
42741CB00010B/2266